中國學術思想 研究輯刊

二七編

林慶彰 主編

第23冊

《抱朴子·內篇》道教醫學之研究(上)

胡玉珍 著

花木蘭文化事業有限公司

國家圖書館出版品預行編目資料

《抱朴子·內篇》道教醫學之研究（上）／胡玉珍 著 — 初版
— 新北市：花木蘭文化事業有限公司，2018〔民107〕
目 8+168 面；19×26 公分
（中國學術思想研究輯刊 二七編；第 23 冊）
ISBN 978-986-485-393-9（精裝）
1. 抱朴子 2. 研究考訂 3. 道教修鍊

030.8　　　　　　　　　　　　　　　107001891

ISBN-978-986-485-393-9

中國學術思想研究輯刊
二七編　第二三冊　　　　　ISBN：978-986-485-393-9

《抱朴子·內篇》道教醫學之研究（上）

作　　者　胡玉珍
主　　編　林慶彰
總 編 輯　杜潔祥
副總編輯　楊嘉樂
編　　輯　許郁翎、王 筑　美術編輯　陳逸婷
出　　版　花木蘭文化事業有限公司
發 行 人　高小娟
聯絡地址　235 新北市中和區中安街七二號十三樓
　　　　　電話：02-2923-1455 ／傳真：02-2923-1452
網　　址　http://www.huamulan.tw 信箱 hml810518@gmail.com
印　　刷　普羅文化出版廣告事業
封面設計　劉開工作室
初　　版　2018 年 3 月
全書字數　452907 字
定　　價　二七編 25 冊（精裝）新台幣 48,000 元

《抱朴子‧內篇》道教醫學之研究(上)

胡玉珍　著

作者簡介

胡玉珍，1971 年生於高雄市，國立高雄師範大學國文所文學博士，現任空軍航空技術學院通識中心人文組專任助理教授。曾任國際商工高職國文科專任教師、空軍航空技術學校總教官室文職教師、空軍航空技術學院通識中心人文組文職講師。主要研究方向為古典文學、道教文學、道教醫學以及養生學。

提　要

　　二十一世紀是養生的世紀，人們都冀望能養生防老，並且重視生命延續的生活品質。道教醫學除了追求生命的身強體健之外，這是屬於生理的醫學治療、外在的操作技術；更重視個人的精神寄託與意義安頓，這是屬於心理的文化治療、內在文化性的精神關懷與身心實踐。道教醫學屬於宗教醫學的一環，最大特色就是神聖與世俗並立，宗教與科學並存，經由宗教的信仰與修持，來協助人們化解疾病與災厄。所以在「形」方面重視健身延壽的個體效益，在「神」方面重視擴展生命的存有境界，突破生命的有限形式，進入到長存的精神領域，追求身心並煉與形神俱全的生命形式。

　　本論文以《抱朴子・內篇》為文本，一共分成八章，第一章緒論說明研究動機、研究目的、研究方法與研究理論，第二章《抱朴子・內篇》與道教醫學在說明史的溯源，第三章《抱朴子・內篇》生命醫療觀，說明生命觀在原始社會中就存在人類對生命內涵的認知與理解，肯定人是文化的主體，能在自然環境中創造出賴以生存的價值觀與文化模式，確立人對應自然的宇宙觀念以及生命終極安頓的存在形式。第四章《抱朴子・內篇》成仙的修持與境界，從生命觀談到長生的終極境界，神仙之學是生命的提昇與靈性的醫療，成仙代表的是一種生命觀，也是道教醫學重要的目的。第五章《抱朴子・內篇》的病因觀，是從病因觀的文化詮釋來說明天人關係破壞，是人體的總病源。第六章《抱朴子・內篇》的診療法，說明社會中自成文化系統「治已病」的醫療體系，屬於文化性的辨證技術，取決於人們對生命存有的認同。第七章《抱朴子・內篇》的養生法，說明社會中自成文化系統「治未病」的養生體系，最能展現道教醫學的特徵，強調養生重於治療的「預防醫學」。第八章結論說明研究的成果與價值。

謝　辭

　　孔子說四十而不惑，我卻是在不惑之年因為對自己人生意義安頓的困惑以及從事教學工作十八年，缺乏源頭活水，於是決定報考高雄師範大學國文學系博士班，經過四年的老師兼學生、母親兼妻子的多重角色扮演，我終於完成了博士學業，順利取得了學位。這是一種艱辛卻無法形容的煎熬，也是一種興奮卻難以言喻的驕傲，讓我親身體會到：唯有量的積累，才有質的飛躍。一千四百多個日子的焚膏油以繼晷，這將是我人生中的一段美好時光，在人生當中能遇到彼此相互勉勵的好同學，是幸福的。

　　感謝指導教授林文欽老師對我的一路教誨與愛護，其實早在 1994 年的暑假，我考上高雄師範大學的中等教育學分班，在此修習中等教育學程時，林文欽老師就是我教材教法的老師。經過十七年後再次重返高師大進修博士，林文欽老師是當時的系主任兼本班導師，不論是上老師的易經專題或是中國美學專題，總能讓身心靈豐收，經常是學術與美食的饗宴。感謝老師在我們博一、博二時舉辦各種的學術研討會，讓我們有拓展學術視野的機會；同時每一學期所舉行的讀書會，雖然當時壓力很大，但是藉由讀書會的論文發表，讓我們學習到很多，不只是論文寫作的內容與技巧，還有做人處事、待人接物的應對進退原則。由於老師的帶領，讓我們與同學、學長姊、學弟妹的感情融洽，不論在做學問或是生活工作上，這種真誠關懷的情誼，是難能可貴的。

　　此外要感謝口考老師鄭志明教授、林登順教授、何淑貞教授以及林晉士教授鉅細靡遺地在我論文中每個章節上加註說明，指出缺點和需要改進的地方，並且提供許多寶貴的意見，讓我的論文能變得更完善有體系。從口試中

可以感受到各位教授慈祥和靄的長者風範和嚴謹的治學態度，這些將成為我日後學習的典範，感謝各位教授的教誨與期許，在此致上謝意。

最後在寫作論文期間，要感謝外子金仁醫師對我的包容、支持與鼓勵，有關西方醫學的理論與技術，我時常向他請益。感謝二個女兒芷琳、宜琳對我忙於工作與論文的諒解，希望以此身教能讓妳們勇於實踐夢想。還有我最親愛的母親胡秦鳳蘭女士，從我工作開始就毫不間斷地給我實質幫助，以及博士班的好同學，空軍航技學院的好同事，謝謝你們大家的打氣和關心，才有今天的小小成果！另外在此一併感謝上海交通大學杜保瑞教授對我升等的建言，屏東科技大學鍾宇翡副教授的幫忙以及花木蘭出版社的鼎力相助，才有此書的出版。謝謝你們！

目

次

表　次

第一章　緒　論

　　二十一世紀是養生的世紀，人們都冀望能養生防老，各個學科領域也以此為努力研究之目標；道教重視醫藥與方術，醫藥源於有形肉體的生理醫療，方術〔註1〕源於無形精神的終極安頓，屬於宗教醫療。道教在內修外養的過程中，始終與傳統醫學的知識與技術是相互並生的。醫藥學及養生，可以說是道教修道成仙的相關必備知識與操作技能，在道教形成後，結合道教的修煉和宗教學說，成為道教生命理論的特色。筆者發現《抱朴子·內篇》的醫療養生思想是很豐富的，既有對生命調節的醫療養生理論，同時又有寓道於術的技術層面操作實踐工夫。因此本論文的研究動機是期望能藉由對《抱朴子·內篇》醫療養生理論及操作實踐工夫之探析，將其中豐富的智慧，進行梳理和闡發，期望重現《抱朴子·內篇》醫療養生防老之智慧，此智慧是凝聚了傳統社會中各種的文化養分，所發展出龐大的醫療養生體系，對二十一世紀的現代人來說，依然深具意義。

　　葛洪，字稚川，自號「抱朴子」。是兩晉時期的道教理論思想家、醫學家、煉丹家及著名的養生學家。他在中國哲學史、醫藥學史以及科學史上都有很高的地位。他的著作以《抱朴子》一書最能傳達其思想，因篤信神

〔註1〕方術，屬民間信仰。古人相信通過一定的方法，可以使人長生不老甚至變成神仙，這種思想源於先民對自身永保青春的渴望。先秦時期，人們開始大量的實踐探索，尋找各種礦物植物等配置藥方，以及研究尋找自身的命門，從事這一活動的人被稱為方家或方士，他們所從事的活動就叫「方術」。至中國東漢時期五斗米道出現，修持神仙方術就被說成是「修道」，尊崇老子的道家學說，原本是哲學理論的道家思想之具體實踐和實用「方」法與技「術」，因此也有人稱「方術」為「道術」。

仙之說，而著書立說，並親身實踐，倡導各種養生方術，不但充實了道教的內涵，也為其建立系統理論，因此《抱朴子‧內篇》可說是道教的醫療養生大全。《抱朴子‧內篇》的重要價值是建立了現在道教哲學的形上學理論及闡發了神仙思想的系統，葛洪把仙學理論作為貫穿《抱朴子‧內篇》的一條主線，完成了養生成仙的理論，所以醫療及養生只是為了實踐養生之盡理的手段，成仙不死才是終極目的。也就是醫療、養生、成仙是三位一體不可切割的，追求從養身全形到變化成仙，醫療、養生只是手段，成仙則是終極目標。

　　醫療養生工夫是《抱朴子‧內篇》神仙思想中求長生的重要手段，其中蘊含了豐富的醫療養生理論與操作工夫實踐，是中國傳統醫學、道教醫學和養生學的圭臬之作。葛洪總結了過去時代的各種醫療養生理論與操作實踐工夫，不但充實了道教的內涵，也為道教在醫療養生方面，建立起系統的理論，所以《抱朴子‧內篇》在道教史上具有舉足輕重之地位。

第一節　宗教與醫學的關係

　　宗教與醫學雖然是兩種不同的文化體系，都是對應人類生命的生死存有而發展出來的對應法則與技術，對應法則又稱為醫療理論，技術又稱為醫術或方術，所以醫學包括醫療理論與診療技術二部分。宗教與醫學從遠古社會以來，二者之間一直存在著相當程度的重疊現象。早期醫學是人在同疾病鬥爭中發展起來的，很遺憾的是，現代來自西方的主流醫學，重視生理層面的各種科學醫療技術，窄化了醫學原有的文化內涵，導致醫學與宗教分離，在科學主導下使物質文明與精神文明產生扞格，惡化了醫學與宗教間對峙的衝突情境。這是由於現代科學的「定位」不清，時常侵入到人類的各種精神生活中，企圖取而代之，因此混亂了物質文明與精神文明的分際，造成錯誤的價值認知，形成強烈意識形態的衝突，顛倒社會生存原有的理性秩序。〔註2〕其實科學與宗教原本就是兩種不同的文明形態，所以科學與宗教可以不必尖銳對立，應該相輔相成，可以經由「醫學」來相互對話與交流。

〔註2〕鄭志明：《華人宗教的文化意識第一卷》（台北：宗教文化研究中心，2001年），
　　　頁144。

一、宗教與醫學

　　「宗教」與「醫學」的關係是密切的，就人類文明的發展過程來說，「宗教」或許是人類最早的一套「醫學」體系。當上古社會發展出人神溝通的「巫」時，「巫」除了以「巫術」來降神外，也具有獨特的「醫術」來爲人治病。「巫術」與「醫術」有著同源共軌的關係，早期醫療的實踐活動都帶有著神人交通的精神作用，「巫」同時以巫技與醫技來爲人們服務。〔註3〕宗教是人類生存的精神活動，醫學除了治療生理疾病外，也涉及到心理領域的精神生活，故宗教與醫學在中國的歷史發展中，早就相互融合，宗教醫學可以說是一種普遍存在的文化現象。

　　生與死是每一個人都必須面對的人生問題，對這一問題的解決與超越，可以有許多不同的途徑與方法，而「宗教」與「醫學」是普羅大眾所求助的二條基本途徑和方法。雖然生命是短暫的，死亡是不可避免的終極問題，但活時的「安身立命」卻是生命存在極爲莊嚴的課題。〔註4〕人活著更應該重視生命的尊嚴，養生即是個體存在的意義治療學，由此建構出生命延續的生活品質。由此觀之養生不單是生理的醫學治療，更包含心理的文化治療，除了追求生命的強身健體外，更重視個人機體的精神寄託與意義安頓。因此我們對宗教可以如此認知與理解，它雖然是一種技術，但就其內容來說，是偏向於心理的意義操作，是人類最早成套的精神活動，建立在以「人」作爲主體的思維活動上，因此不必符合科學原理與科學實驗，這不是技術性的對錯問題，而是涉及到神聖的信仰理念與精神領域。

　　現代社會對「醫療」一詞的認知過於狹隘，重視科學性質的生理治療，而忽略精神性質的文化治療；前者生理治療屬於技術性與物質性的身體層面，後者文化治療屬於精神性文化關懷的心靈層面。科技不是醫學知識與治療操作唯一的價值指標，還有傳統體系與生態系統下的醫學觀念與醫療行爲。醫學人類學早已注意到對非西方醫學體系的探討，肯定醫療行爲必須與社會文化體系的生態系統結合在一起，醫療體系是社會文化總體的組成必要部分。有學者認爲：

〔註3〕何裕民、張曄：《走出巫術叢林的中醫》（上海：文匯出版社，1994 年），頁66。

〔註4〕傅偉勳：《死亡的尊嚴與生命的尊嚴——從臨終精神醫學到現代生死學》（台北：正中書局，1993 年），頁 10。

> 在人類歷史發展過程中，各個民族的傳統醫學可以作為古代文明高
> 度發達的象徵，反映出其所屬文化的基本模式與價值觀，必須將這
> 些醫療體系置於整個社會文化環境當中來觀察，才能充分瞭解群體
> 中各成員的保健行為。〔註5〕

中國社會除了自成系統的中醫醫療體系外，還有道教醫學以及各式各樣的民
俗醫療，道教醫學屬於宗教醫學的一環，宗教與醫學有著「同源共生」的關
係，起源相當古老，繼承了原始社會的巫術與醫術，二者有著共通的觀念系
統與詮釋體系，經由世代經驗的傳承與改進，逐漸發展出與文化相應的醫療
操作系統，宗教與醫療之間是相互擴充與彼此完成的。

目前的醫療情況是西方醫學成為了主流醫學，優點是重視生理層面的各
種科學醫療技術，屬於生理醫學、實證醫學；缺點是窄化了醫學原有的文化
內涵，惡化了醫療與宗教間對峙的衝突情境。除了主流醫學外，社會上還存
在著非西方醫學體系下的「民族醫學」或「民俗醫療」，是指系統主流醫學體
系之外，普羅大眾世代相傳的不成文與散漫的醫藥信仰，它來自各個民族社
會文化生活下，適應策略的醫療體系，認為對治疾病的醫療行為是建立在以
文化為基礎的信仰形式與社會制度上。是一個民族對付疾病的文化體系與操
作方法，來自集體所使用自然的與超自然的、經驗的醫療觀念與行為，有其
自成系統的病因理論，在病名、分類、診斷、治療、預防等方法上成一家之
言，是社會共有的醫療行為，文化相承的醫療信仰。〔註6〕

宗教與醫術不只是人類的生活技術，也是人類最早的觀念文化與信仰形
式，可以將人從其處身的物質世界提昇到精神境界，同時意識到生命在宇宙
中的人性價值。巫術與醫術各種操作的方法與技術，除了有具體生存的物質
利益，也傳達了人們生命追求的終極目標，為茫然不知的人生，提供了生存
的精神目的與歸宿，有其自成系統的宇宙觀與生命觀，是奠基在人性生活需
求所展現出來的形上之學。這種形上學是人們在求生過程中所發展出的精神
活動，雖然不是系統化的哲理建構，卻能實現人與宇宙精神相交的願望，安
頓自身生命存在的目的與意義。

〔註5〕喬治‧福斯特等著、陳華、黃新美等譯：《醫學人類學》（台北：桂冠圖書公
　　　司，1992年），頁49。
〔註6〕張珣：《疾病與文化──台灣民間醫療人類學研究論集》（台北：稻香出版社，
　　　1989年），頁86。

　　宗教醫療本質上是一種文化的醫療體系，與西方主流醫學是一種科學實證技術下的醫療體系，是不相同的，各有不同的價值定位。代表物質文明的科學與代表精神文明的宗教，不必在技術層面上相互挑戰與攻訐，西方主流醫學與東方民族醫學、宗教醫學，應該追求彼此的相互了解與肯定，來各安其位，正本清源各自回到對生命探尋的觀念層面，在醫療與生命安頓的終極價值上，重視以人作為主體而展開的動態文化，以有限的生涯去領悟無限的人文世界。〔註7〕

二、道教醫學的定義

　　道教醫學作為道教學研究的一個重要學術領域，近年來由於養生及跨領域醫學的研究，漸漸成為道教學研究的熱點之一，是一個值得拓展道教學研究的新領域。但是從目前的研究水平、層次及學者投入的研究數量來說，道教醫學研究，都尚處於起步階段，屬於科學研究的「前科學階段」，有許多問題值得深入探討研究，其中有關「道教醫學」的定義，是首先要解決的問題。

　　定義，也稱「界說」，指的是揭示概念內涵和外延的邏輯方法。何謂道教醫學？目前學術界關於「道教醫學」的定義，有幾種說法，最具權威和影響力的《中國大百科全書‧宗教卷》，所下的定義為：

> 道教為追求長生成仙，繼承和汲取中國傳統醫學的成果，在內修外養過程中，積累的醫藥學知識和技術。它包括服食、外丹、內丹、導引以及帶有巫醫色彩的仙丹靈藥和符咒等，與中國的傳統醫學既有聯繫，又有區別，其醫學和藥物學的精華，為中國醫藥學的組成部分。〔註8〕

此定義對道教醫學的主要內容、意義作了較為詳盡的闡述。在《道醫窺秘——道教醫學康復術》一書中提到：「『道醫』一詞，為近世對道家醫學或道教醫家之稱謂。」〔註9〕由中國社會科學出版社出版的《中華道教大辭典》，在「道教醫藥學」條目中提到：

〔註7〕鄭志明：〈宗教醫療的社會性與時代性〉《華人宗教的文化意識》第二卷（台北：宗教文化研究中心，2003年），頁127。

〔註8〕《中國大百科全書‧宗教卷》（中國大百科全書出版社，1988年），頁73。

〔註9〕王慶餘、曠文楠：《道醫窺秘——道教醫學康復術》（四川：人民出版社，1994年），頁1。

> 道教醫藥學是在道教文化中發展起來的醫藥學，這不僅是因爲道士
> 以醫術布道促進了它的發展，而且是由於這類醫術和藥物本身就含
> 有道教修煉的特徵。……道教醫藥學是以長生成仙爲最高目標的醫
> 學，……是一種社會醫學和宗教醫學。〔註10〕

此定義分別從宏觀與微觀的角度對道教醫學的本質和特徵作了闡釋，但是僅
就定義本身而言，描述性成分居多。

在國外漢學界，日本學者吉元昭治所作的《道教與不老長壽醫學》一書，
有較大影響力。該書給道教醫學下的定義爲：

> 所謂道教醫學，可以說就是以道教爲側面的中國醫學，這些被看作
> 是道教經典中的主要內容。不過現在，就像道教被淹滅在民間信仰
> （民俗宗教）之中那樣，道教醫學可以在民間醫療，或民間信仰中
> 的信仰療法中見到其蹤跡。〔註11〕

該定義抓住了道教醫學的宗教特徵，有相當可參考之處。學者蓋建民認爲上
述的定義都有其不足之處，認爲道教醫學必須在深入研究的基礎上把握道教
醫學的內涵與外延，並且必須遵循一定的邏輯規則；因此在前賢基礎上，提
出定義爲：

> 道教醫學是一種宗教醫學，作爲宗教與科學互動的產物，它是道教
> 徒圍繞其宗教信仰、教義和目的，爲了解決其生與死這類宗教基本
> 問題，在與傳統醫學相互交融過程中，逐步發展起來的一種特殊醫
> 學體系，也是一門帶有鮮明道教色彩的中華傳統醫學流派。〔註12〕

此定義包含了道教醫學的內涵與外延，從上述的說明中，我們知道道教醫學
的最大特色就是神聖與世俗並立，科學與宗教並存，以此來協助人們化解疾
病與災厄，所以道教醫學屬於宗教醫學的一環。從「和諧功能」與「實用功
能」來看，道教醫學是民眾文化性的精神醫療系統，建立在傳統社會的哲學、
宗教與術數等基礎上發展而成。是社會生活集體智慧與經驗的累積，有其自
身獨特的詮釋理論與文化模式，來說明其病因、病理、治療技術、預防方法
等相關運用知識；道教醫學能使人們面對著終極意義上的人生，從疾病的治

〔註10〕 胡孚琛主編：《中華道教大辭典》（中國社會科學出版社，1995 年），頁878。
〔註11〕 （日）吉元昭治：《道教與不老長壽醫學》（四川：成都出版社，1992 年），頁
　　　　 8。
〔註12〕 蓋建民：《道教醫學》（北京：宗教文化出版社，2001 年），頁 5～6。

療提昇到心靈的精神體驗，在信仰下體現了人類自我實現的生命價值。所以我們若是僅僅憑藉道教醫學的某一定義，並不能呈顯道教醫學多層次、豐富的內容，是需要研究者就道教醫學的具體內容，從各個方面、不同角度和層次來進行深入細緻的文化研究。

因此筆者以「道教醫學同心圓理論」，作爲《抱朴子・內篇》的醫療養生理論與操作實踐工夫的主要架構，以此來探究道教醫學外煉——藥物養身的生理醫療及道教醫學內修——數術延命之內疾不生的自我醫療與外患不入的宗教醫療之內容。期許能對《抱朴子・內篇》的醫療養生理論與操作實踐工夫，進行深入的微觀研究，揭示神仙道教醫學的眞正內蘊。

第二節　研究動機與目的

本文研究動機是從醫學體系來看二十一世紀的現代社會，人們需要科學性的醫學體系，同時也需要宗教性的醫學體系，這二種體系可以不必相互證實、尖銳對應，可以依其文化本位發展、相輔相成，從「文化」上做精準定位，了解科學醫學與宗教醫學雙方各自的屬性與作用，可以二者並重，以滿足人們世俗性的生存需求及神聖性的精神安頓。研究目的則是以歷史文化的關懷角度來理解，道教醫學是古老文明傳承下的文化現象，與養生送死而來的生命教養密切相關，《抱朴子・內篇》如何在「身」方面追求生理的強身健體、在「心」方面重視個體的意義安頓、在「靈」方面重視擴展生命的存有境界，以突破生命的有限形式，進入長存的精神領域。

一、研究動機

道教醫學作爲道教學研究的一個重要學術領域，近年來由於養生及跨領域醫學的研究，漸漸成爲道教學研究的熱點之一，是一個值得拓展道教學研究的新領域。但是從目前的研究水平、層次及學者投入的研究數量來說，道教醫學研究，都尙處於起步階段，有許多問題是值得深入探討與研究的。過去學術界在研究道教醫學時，只是片面強調宗教與醫學存在對立、衝突的一面，沒有把二者的關係置於人類整個歷史文化發展中進行動態考察；忽視了道教作爲一種歷史文化載體，它與作爲科學的醫學之間，既有相互競爭、排斥的一面，又同時可以有彼此依托、相互促進的一面。

　　本論文探討《抱朴子‧內篇》道教醫學之研究，是局限在宗教醫學中的道教醫學，以《抱朴子‧內篇》為核心來討論，道教醫學可以分為世俗醫學及神聖醫學二部分，西方主流醫學在世俗醫學部分是重視生理層面的各種科學醫療技術例如治病，是人們生命安頓的物質手段之一。而道教醫學在世俗醫學部分可分為長壽與長生，《抱朴子‧內篇》認為服用草木藥可長壽，服用金丹大藥則可以長生。這是利用宇宙觀，來安頓身體物質形態的生存功利，包含長壽與長生；是實用性的需求，例如使用下藥來除病、治已病，使用中藥來養性、治未病等，發展出增強體質、預防疾病的積極手段，以達到形神兼養與保全精神的生命鍛煉境界。肯定在具體行為的操作下，就可以獲得隨之而來的生存利益，達到滿足各種世俗性的生存需求。

　　在神聖醫學部分則認為人應該追求身心並煉與形神俱全的終極生命形式，所以金丹大藥不只可以治療靈性，也在治療永恆的生命，因為金丹是上藥，「道」的化身，服食金丹就可以直接「合道成仙」，是神仙道教所發展出成仙的方便法門。因此發展出靈性治療及靈性養生的各種技術，由進入天人合一的本體境界，確立了生命的永恆價值。所以神聖醫學屬於宗教性的醫療體系，是人們生命安頓的精神文化手段，人的存在是在天地鬼神生活空間的核心位置上，此宇宙論的核心，安置了人們共同認可下的存在意義與價值。由此發展出心理上超物質形態的精神功利，渴望有神聖力量的加入，來獲得肉體與心靈的安寧，以溝通陰陽來參與宇宙天地的造化，從而獲得神聖力量的護持來消災與祈福，同時開拓出各種神聖性的精神安頓的方法與技術。

　　葛洪生命修煉的內秘世界是豐富的，身體煉養的方法是多樣的，不論是藥物養身的生理醫療或內疾不生的自我醫療或外患不入的宗教醫療，都是來自完整性的天人對應模式。他重視生命精神性的向上提昇，在博採眾術的修行方法上，展現身體力行的實踐工夫，相應於終極實體的精神性永生。葛洪的生命修煉方法，將生命提昇到與終極實體相通的境界之中，由肉體生命直接進入到心靈生命，將身心靈（亦即形神）在終極境界上合為一體。

　　筆者嘗試從道教醫療的觀念切入研究面向，希望釐清《抱朴子‧內篇》宗教醫療中道教醫療的文化內涵、葛洪獨特的病因觀、診療法、養生觀及他在道教醫學上的定位。此問題學界雖多已有討論，但是主要集中在養生思想，而缺乏宗教醫療的部分，所以仍可發現一些未涉及之處，是可以補充說明的。期能藉此論文的研究，重新對道教經典進行梳理和發掘，建構出道教經典《抱

朴子‧內篇》道教醫學的微觀研究；能清楚瞭解《抱朴子‧內篇》道教醫學的概念內涵、神聖醫學內涵、由獨特的病因觀、診療法及養生法而自成系統的宗教醫療底蘊；不僅回顧道教經典《抱朴子‧內篇》的歷史貢獻，更重要的是正確理解《抱朴子‧內篇》的道教醫學之內涵，從醫學體系來看，二十一世紀的現代社會，人們需要科學性的醫學體系，同時也需要宗教性的醫學體系，這二種體系可以不必相互證實、尖銳對應，可以依其文化本位發展、相輔相成，從「文化」上做精準定位，了解科學醫學與宗教醫學雙方各自的屬性與作用，可以二者並重，以滿足人們世俗性的生存需求及神聖性的精神安頓。

　　以《抱朴子‧內篇》為例，深入探討道教醫學的內涵、特徵，探析道教醫學獨特的醫療模式、醫學養生思想及其現代價值。以歷史文化的關懷角度來理解，道教醫學是古老文明傳承下的文化現象，與養生送死而來的生命教養密切相關，在「身」方面追求生理的強身健體、在「心」方面重視個體的意義安頓、在「靈」方面重視擴展生命的存有境界，突破生命的有限形式，進入長存的精神領域。是人們集體智慧下創造與發明出一系列對抗疾病與衰老的獨特理論與方法；這些創造與發明並不是荒謬無稽的原始迷信，雖然目前這些無法被科學所檢驗，但是無損於其內在自我傳承的理性與實作的精神作用，我們可以從文化形上的觀念系統與詮釋體系中，擴大對「醫療」概念的界定與認知，醫療不是醫院與醫生的專利，它也是一種長期社會化的文化學習，背後有其完備與成熟的宇宙觀與生命觀。道教醫學肯定人存在的積極作用，以養生護生來實現人類生命的價值，屬於價值規範與精神倫理制約或指導下的實踐活動，這些能為二十一世紀的人類醫療保健養生，做出積極貢獻。

二、研究目的

　　今天我們研究道教醫學，可以做的事是從微觀角度，在充分史料的基礎上，以《抱朴子‧內篇》道教醫學之研究為例，深入探討道教醫學的內涵、特徵，探析道教醫學獨特的醫療模式、醫學養生思想及其現代價值。從而了解中國醫學尤其是道教醫學在歷史中的建構和演變，可以明瞭醫學不僅是「望聞問切」的操練技術，同時也是一個文明認識生命、想像身體、辯證知識體系的入口。以歷史文化的關懷角度來理解，道教醫學是古老文明傳承下的文

化現象，與養生送死而來的生命教養密切相關，在「身」方面追求生理的強身健體、在「心」方面重視個體的意義安頓、在「靈」方面重視擴展生命的存有境界，突破生命的有限形式，進入長存的精神領域。是人們集體智慧下創造與發明出一系列對抗疾病與衰老的獨特理論與方法；這些創造與發明並不是荒謬無稽的原始迷信，雖然目前這些無法被科學所檢驗，但是無損於其內在自我傳承的理性與實作的精神作用，我們可以從文化形上的觀念系統與詮釋體系中，擴大對「醫療」概念的界定與認知，醫療不是醫院與醫生的專利，它也是一種長期社會化的文化學習，背後有其完備與成熟的宇宙觀與生命觀。道教醫學肯定人存在的積極作用，以養生護生來實現人類生命的價值，屬於價值規範與精神倫理制約或指導下的實踐活動，這些能為二十一世紀的人類醫療保健養生，做出積極貢獻。

從二十世紀開始，「宗教醫療」成為迷信的代名詞，象徵人類的愚昧與落伍，被認為是阻礙時代文化進步的絆腳石。這種「宗教」與「醫療」的衝突牽涉到「科學」的定位問題，科學雖然提昇了人類文明的新境界，但是無法完全取代人類幾千年來的精神文明。學者張光直認為：

> 「瑪雅──中國文化連續體」一詞，代表中國文化重要特徵是連續性的，就是從野蠻社會到文明社會許多文化、社會成分延續下來，其中主要延續下來的是人與世界的關係、人與自然的關係，留傳著史前的宇宙觀、巫術、天地人神的溝通以及借助這種溝通所獨佔的政治權力等。〔註13〕

此種說法顯示早期人類在面對個體生命時，不僅扣緊在生物本能的存有動機與要求，也同時開啟心靈的精神性作用肯定生命的形式是超出肉體的物質領域，還需要進入到目的存在、價值存在與超越存在的精神領域之中。〔註14〕

現代這種「宗教」與「醫療」的衝突牽涉到「科學」的定位問題，由於科學的定位不清，時常侵入到人類的各種精神生活中，企圖取而代之，這種心態混亂了「物質文明」與「精神文明」的分際，造成了錯誤的價值認知，形成強烈意識形態的衝突，顛倒了社會生存原有的理性秩序。〔註15〕這是背

〔註13〕張光直：《考古學專題六講》（台北：稻香出版社，1988年），頁23。
〔註14〕馮天策：《信仰導論》（廣西南寧：廣西人民出版社，1992年），頁105。
〔註15〕鄭志明：《華人宗教的文化意識第一卷》（台北：宗教文化研究中心，2001年），頁144。

離「瑪雅──中國文化連續體」的生態環境，也斷裂了傳統精神文化的價值
作用。學者鄭志明認為：

> 將宗教與科學連結在一起，以科學作為唯一檢驗的真理，忽略了宗
> 教與科學脫勾的可能性，二者之間可以沒有因果關係，即宗教是宗
> 教，科學是科學，各有其不同的領域與範疇，當能清楚掌握二者的
> 分際時，宗教不會促進科學的發展，也不會阻礙科學。〔註16〕

此看法一針見血地指出我們對宗教應有的認識與省思，科學與宗教原本就是
兩種不同的文明形態，雙方可以不必尖銳對立，反而可以藉由「醫療」來相
互對話與交流，彼此相輔相成。

（一）缺乏文化教養

現代人由於缺乏文化教養，無法認清物質文明與精神文明各自的價值作
用，混淆二者的分際，有從科學立場來看起待宗教，或是從宗教立場來看待
科學，導致二者間嚴重的文化衝突。宗教醫療長期被西方主流醫學排斥與否
定，也有些宗教醫療走偏鋒，誤以為可以取代主流醫學的治療地位。其實宗
教醫療是一種文化的醫療體系，絕不可能用來取代科學的醫療體系。

因此如何從文化的觀點下，重新為宗教醫療作定位，這是現代人應該加
強的文化教養，其內容可從三方面來說。一是宗教醫療不屬於科學的範疇：
科學只是文化的一部分，無法取代深層社會意識的信仰本身，所以哲學、宗
教這一類的精神活動是無法被科學取代的。以科學排斥宗教的實證主義，是
採取了一種極端經驗論的觀念，〔註17〕是一種狹隘的文化框架，我們應該要
突破此框架，承認宗教醫療是人類「文化意識」的精神追求，有其自身的文
化範疇。二是宗教醫療是神聖的再體驗：宗教醫療中的神聖醫學是屬於靈感
文化的一支，肯定天人交感的生命內涵，人體的生命價值是經由溝通神人來
完成，宗教醫療屬於通靈的神聖領域，其醫療的能量來自於神聖體驗累積而
成的治療經驗。三是宗教醫療是文化的再實踐：宗教醫療醫治的不是疾病，
而是心靈的再創造，讓人的生命經由醫療展現其神聖性與不朽性。人的一生
可視為文化再實踐的歷程，心靈在文化治療下不斷向上提昇。

〔註16〕鄭志明：〈宗教醫療的社會性與時代性〉《宗教與民俗醫療》（台北：大元書局，
2004 年），頁 165～167。

〔註17〕黃光國：〈科學視域與宗教問題〉《論命、靈、科學──宗教、靈異、科學與
社會研討會》（中央研究院社會學研究所籌備處，1997 年），頁 402。

（二）誤解宗教醫療的本義

宗教醫療包括「世俗醫療」與「神聖醫療」，世俗醫療指的是世俗的具體利益，是扣緊在生物本能的存有動機與要求；而神聖醫療指的是肯定人生命的形式可以從物質形式中解脫出來，領悟神聖的存在，超越出生死疾病的限制，使人體生命進入到宇宙和諧的秩序之中。例如《抱朴子‧內篇》道教醫療的實用功能，可分為二，一為實用性的世俗醫療，屬於治病、健身、養生的生存功利，它安頓身體物質形態的生存功利，發展出增強體質與預防疾病的積極手段，以達到形神兼養與保全精氣的生命鍛鍊境界。肯定在具體行為操作下，就可以獲得隨之而來的生存利益。二為精神性的神聖醫療，屬於解厄、祈福的精神功利，發展出心理上超物質形態的精神功利。人們渴望有神聖力量的加入，來獲得肉體與心靈的安寧，以溝通陰陽，來參與宇宙天地的造化，獲得神聖力量的護持來消災與祈福。是以信仰的真實感情與體驗，來追求自我的價值實現，成就淨化心靈的終極目標。

宗教醫療是要進入到宗教的神聖世界中，不應只是著重於世俗的具體利益，如果只從世俗的利益來看待宗教醫療，就是誤解宗教醫療的真正意涵。由於現代社會世俗領域的不斷擴充，混淆了「神聖」與「世俗」的分際，人們企圖以物質來交換精神上的滿足，將神聖安置在世俗的利益之下，導致醫療的神聖性喪失，轉而成為人們世俗需求的附庸。宗教醫療是世俗性與神聖性的合一，只要社會有健全的宗教信仰與文化體系，就可以滋潤民眾自我實現的精神追求。現代社會最大的問題是信仰文化的殘缺不全，人們只重視物質世界中世俗幸福的具體利益上，漠視宗教教育與文化教育，因此把宗教醫療當作工具來利用，忽略了信仰的自我價值實現。如何喚醒世人重視人類精神性的文化教養，正是當前二十一世紀文明應該迫切關懷的主要課題，需要更多有心人士的投入與再造，才能達到淨化心靈的終極目標。

道教醫學在二十一世紀中，逐漸成為熱門的話題，醫療、養生與成仙等課題在民眾現世利益的肯定與支持下，由於能滿足民眾的福祿壽等生存願望，因此根深柢固地存在於中國人的社會當中。〔註18〕道教醫學不應該只從

〔註18〕吉元昭治著、陳昱安審訂：《道教醫方與民間療術——臺灣寺廟藥籤研究》（台北：武陵出版社，1990 年），頁 68。

現在還存有的外在醫療形式與操作實踐工夫入手，這些長期以來有關生命存有的經驗與對應技術，實屬於人類生命探索下的深層文化智慧與觀念體系。近年來學術界致力於醫學體系跨文化的研究，重視各個民族社會文化生活下適應策略的醫療體系，認為對治疾病的醫療行為是建立在以文化為基礎的信仰形式與社會制度上。所以西方主流醫學與東方民族醫學、宗教醫學，應該攜手合作，各安其位，在醫療與生命安頓的終極價值上，追求身心靈整體和諧，造福更多群眾。

第三節　研究文獻之回顧

葛洪《抱朴子・內篇》在中國道教史和文化史上，舉足輕重。他是兩晉時期的思想家、醫學家、製藥化學家，煉丹術家及著名的道教人士。葛洪思想基本上是以神仙養生為內，儒術應世為外。有關葛洪的研究，較少純粹從宗教醫療觀念切入的研究面向，在研究文獻回顧方面，筆者將分成專書、學位論文及單篇論文三部分來說明。在研究困境方面，《抱朴子・內篇》中屬於自我醫療與宗教醫療的部分，是直接從生命的精神層次來避開或化解各種災難與疾病的侵襲，這是超出科學的實證範疇，無法用物質的科學文明來加以闡釋，總是容易被人抨擊為迷信、怪力亂神之說。

一、研究《抱朴子・內篇》相關文獻之回顧

葛洪《抱朴子・內篇》在中國道教史和文化史上，貢獻良多。近年來兩岸學者對於葛洪的關注日益增多，有關葛洪的研究，已經涉及許多方面，包括葛洪的生平、事蹟、著作和思想等等，但是較少純粹從醫療觀念切入的研究面向，導致葛洪在道教醫學上的定位不一，無法清楚釐清道教與醫療養生間的互動關係、掘發出豐富的文化智慧與醫療養生內涵、以及明瞭中國傳統醫學、道教醫學豐富多元的面貌。因此筆者認為有再深入研究之必要，以下筆者分類概述有關葛洪《抱朴子・內篇》以及「道教醫學」二部分研究之成果，以期對這一課題的深入研究，能有所裨益。

（一）專書部分

葛洪作為一個在中國道教史和文化史上占有重要地位的歷史人物，有關他的綜合研究的專著陸續出版。目前有二十二本，說明如下：有藍秀隆：《抱

朴子研究》〔註19〕、林麗雪：《抱朴子內外篇思想析論》〔註20〕、高大鵬：《神
仙傳──造化的鑰匙》〔註21〕、李豐楙：《不死的探求──抱朴子》〔註22〕、
王明：《抱朴子內篇校釋》〔註23〕、胡孚琛：《魏晉神仙道教──抱朴子內篇
研究》〔註24〕、《葛洪傳記資料》〔註25〕、顧久譯：《抱朴子內篇全譯》〔註26〕、
李中華：《新譯抱朴子》〔註27〕、王利器：《葛洪論》〔註28〕、徐儀明、冷天
吉：《人仙之間──〈抱朴子〉與中國文化》〔註29〕、梁榮茂：《抱朴子研究》
〔註30〕、王慶元、楊端志等譯注：《抱朴子譯注》〔註31〕、陳飛龍：《葛洪之

〔註19〕 該書試圖對《抱朴子》內篇和外篇作一整體研究，對葛洪的思想基礎和淵源，
　　　　長生論、方技論、本體論、政治論、身心論、處世論和文學論等作了較為全
　　　　面的探討。請參閱藍秀隆：《抱朴子研究》（台北：文津出版社，1980 年版）。
〔註20〕 該書從整體上概述了《抱朴子》內篇和外篇的主要思想。請參閱林麗雪：《抱
　　　　朴子內外篇思想析論》（台北：學生書局，1980 年版）。
〔註21〕 請參閱高大鵬：《神仙傳──造化的鑰匙》（台北：時報文化，1982 年版）。
〔註22〕 該書是台灣將葛洪《抱朴子內篇》作為專題，進行完整且全面研究的開創著
　　　　作，重點在《抱朴子內篇》中體現的神仙不死思想，對其中的養生、服食、
　　　　存思、變化、法術等進行說法。請參閱李豐楙：《不死的探求──抱朴子》（台
　　　　北：中時出版社，1982 年版）。
〔註23〕 該書是以清孫星衍的平津館校勘本為底本，參校多種版本精校而成的。請參
　　　　閱王明：《抱朴子內篇校釋》（北京：中華書局，1985 年 3 月 2 版）。
〔註24〕 該書是大陸首次將葛洪作為道教史上的人物進行專題研究的著作，以《抱朴
　　　　子內篇》作為研究對象，探討了葛洪神學思想的淵源、發展和創新以及對方
　　　　術的巨大貢獻。請參閱胡孚琛：《魏晉神仙道教──抱朴子內篇研究》（北京：
　　　　人民出版社，1990 年版）。
〔註25〕 該書屬於葛洪的生平資料整理。請參閱《葛洪傳記資料》（天津：人民出版社，
　　　　1990 年影印本）。
〔註26〕 該書對《抱朴子‧內篇》的文本進行了精詳考證，並翻譯成通俗易懂的白話，
　　　　有益於葛洪研究的深入。請參閱顧久譯：《抱朴子內篇全譯》（貴州：貴州人
　　　　民出版社，1995 年版）。
〔註27〕 該書對《抱朴子‧內篇》的文本進行了精詳考證，並翻譯成通俗易懂的白話，
　　　　有益於葛洪研究的深入。請參閱李中華：《新譯抱朴子》（台北：三民書局，
　　　　1996 年版）。
〔註28〕 該書屬於綜合研究葛洪的專著。請參閱王利器：《葛洪論》（台北：五南圖書
　　　　出版公司，1997 年版）。
〔註29〕 請參閱徐儀明、冷天吉：《人仙之間──〈抱朴子〉與中國文化》（河南：河
　　　　南大學出版社，1998 年版）。
〔註30〕 該書屬於綜合研究葛洪的專著。請參閱梁榮茂：《抱朴子研究》（台北：台灣
　　　　牧童出版社，1977 年版）。
〔註31〕 該書對《抱朴子‧內篇》的文本進行了精詳考證，並翻譯成通俗易懂的白話，
　　　　有益於葛洪研究的深入。請參閱王慶元、楊端志等譯注：《抱朴子譯注》（台
　　　　北市：建安出版社，1999 年 2 月版）。

文論及其生平》〔註32〕、陳飛龍註譯：《抱朴子內篇今註今譯》〔註33〕、何淑
貞校注：《新編抱朴子・內篇》〔註34〕、邱鳳俠：《抱朴子內篇注譯》〔註35〕、
蘇華仁總主編：《葛洪《抱朴子》道醫丹道修眞學》〔註36〕、劉固盛、劉玲娣
編：《葛洪研究論集》〔註37〕、楊世華主編：《葛洪研究二集》〔註38〕

　　專書內容大致有葛洪生平和事蹟研究、著述研究及思想研究。尤其是 80
年代以來，對葛洪、《抱朴子內篇》的研究，主要還是集中在他的思想方面，
特別是他的道教思想研究。大致可以分爲哲學與宗教思想、政治與倫理思想、
人格理想和隱逸思想及養生醫學等方面。但是較少純粹從醫療觀念切入的研
究面向，導致葛洪在道教醫學上的定位不一，無法清楚釐清道教與醫療養生
間的互動關係、掘發出豐富的文化智慧與醫療養生內涵、以及明瞭中國傳統
醫學、道教醫學豐富多元的面貌。因此筆者認爲有再深入研究之必要。

　　與「道教醫學」有關的論著，目前已經有學者從事專門的學術論著，如
蓋建民的《道教醫學導論》、王慶餘、曠文楠的《道醫窺秘──道教醫學康復
術》、孟乃昌的《道教與中國醫藥學》、日本學者吉元昭治的《道教與不老長

〔註32〕 該書對葛洪的生平和葛洪之文論進行考證及闡發。請參閱陳飛龍：《葛洪之文
　　　　 論及其生平》（台北市：文史哲出版社，1980 年版）。
〔註33〕 該書對《抱朴子・內篇》的文本進行了精詳考證，並翻譯成通俗易懂的白話，
　　　　 有益於葛洪研究的深入。請參閱陳飛龍註譯：《抱朴子內篇今註今譯》（台北
　　　　 市：台灣商務，2000 年 1 月版）。
〔註34〕 該書對《抱朴子・內篇》的文本進行了精詳考證，並翻譯成通俗易懂的白話，
　　　　 有益於葛洪研究的深入。請參閱何淑貞校注：《新編抱朴子・內篇》（台北市：
　　　　 國立編譯館，2002 年 3 月版）。
〔註35〕 該書對《抱朴子・內篇》的文本進行了精詳考證，並翻譯成通俗易懂的白話，
　　　　 有益於葛洪研究的深入。請參閱邱鳳俠：《抱朴子內篇注譯》（北京：中國社
　　　　 會科學出版社，2004 年版）。
〔註36〕 該書對《抱朴子・內篇》的文本進行了精詳考證，並從丹道的立場，翻譯成
　　　　 通俗易懂的白話，有益於葛洪研究的深入。請參閱蘇華仁總主編：《葛洪《抱
　　　　 朴子》道醫丹道修眞學》（台北市：大展出版社，2013 年 7 月）。
〔註37〕 該書是因爲華中師範大學於 2002 年 11 月成立了道家道教研究中心，與江蘇
　　　　 茅山道教文化研究中心商定，要共同主辦出版一個「道家道教文化研究書
　　　　 系」，2003 年於浙江大學舉辦了一次全國性的葛洪學術研討會，並將其出版。
　　　　 請參閱劉固盛、劉玲娣編：《葛洪研究論集》（武漢：華中師範大學出版社，
　　　　 2006 年 10 月）。
〔註38〕 2006 年 11 月 10～12 日由中國道教文化研究所及江蘇省道教協會、句容市道
　　　　 教協會主辦，華中師範大學道教研究中心協辦的「葛洪與中國文化學術研討
　　　　 會」，並將其出版。請參閱楊世華主編：《葛洪研究二集》（武漢：華中師範大
　　　　 學出版社，2008 年 4 月）。

壽醫學》等，這些論著是從宏觀的角度，做整體系統性的建構，但是道教經典在生命醫療觀念的微觀研究上，則是有再擴充與發展的必要性。目前國內學者只有鄭志明建立了一套完整的宗教醫療體系，他在《道教生死學》中有從事一些道教經典醫療觀的單篇論文微觀研究，這啟發了筆者博士論文可以從事研究的方向，因此決定對道教經典《抱朴子・內篇》做醫療養生理論與操作實踐工夫的微觀研究，對它下一番重新鑑別的研究功夫，掘發出更多豐富的文化智慧與醫療養生內涵，期能呈顯道教醫學極其豐富多元的面貌。

（二）學位論文

除了專書以外，在學位論文與期刊論文方面，兩岸學者已開始投入較多的研究。首先，學位論文方面，臺灣學者研究葛洪《抱朴子・內篇》的相關碩士論文有十四篇，如表 1－1 台灣與葛洪《抱朴子・內篇》的相關碩士論文。

表 1－1：台灣與葛洪《抱朴子・內篇》的相關碩士論文

序　號	作　者	篇名題目	出　處	出版年
1	鄧兆欽	葛洪《抱朴子・內篇》成仙修煉方法研究	玄奘大學／宗教學系碩士在職專班	100
2	陳思汝	葛洪《抱朴子・內篇》氣論思想研究	中國文化大學／中國文學系	99
3	紀清賜	葛洪《抱朴子・內篇》的生命哲學研究	東海大學／哲學系	99
4	李翠芳	道教養生思想與老莊之關係——以葛洪《抱朴子・內篇》為例	國立臺南大學／國語文學系	95
5	李宗翰	葛洪《抱朴子・內篇》中的神仙思想研究	華梵大學／東方人文思想研究所	94
6	李宛靜	抱朴子內篇養生論研究	銘傳大學／應用中國文學系碩士班	93
7	曾黃英娣	葛洪儒道雙修的人生哲學——以《抱朴子》為討論中心	國立中山大學／中國語文學系研究所	93
8	張靜文	葛洪形神思想之研究	中國文化大學／哲學研究所	92
9	丁婉莉	葛洪養生思想研究	國立高雄師範大學／國文學系	92

序　號	作　者	篇名題目	出　處	出版年
10	劉玉菁	東晉南朝江東士族與道教之關係——以葛洪、陸修靜與陶弘景為中心	國立成功大學／歷史學系碩士班	91
11	謝素珠	葛洪醫藥學成果之探究	國立成功大學／歷史語言研究所	82
12	金相哲	葛洪道教思想研究	國立政治大學／中國文學研究所	79
13	宗若莉	葛洪思想研究	輔仁大學／中國文學研究所	69
14	葉論啟	葛洪學術思想研究	國立臺灣師範大學／中國文學研究	68

　　上述研究，除了李宛靜：《抱朴子內篇養生論研究》〔註39〕、丁婉莉：《葛洪養生思想研究》〔註40〕及謝素珠：《葛洪醫藥學成果之探究》〔註41〕三篇碩士論文，雖與本論文略有關係，但是較少純粹從醫療觀念切入的研究面向，導致葛洪在道教醫學上的定位不一，無法清楚釐清道教與醫療養生間的互動關係、掘發出豐富的文化智慧與醫療養生內涵、以及明瞭中國傳統醫學、道

〔註39〕　此碩論從葛洪生平略傳、《抱朴子‧內篇》養生論的思想淵源、《抱朴子‧內篇》養生論的實踐態度、《抱朴子‧內篇》養生論的實踐方法四方面著手，《抱朴子‧內篇》養生論的思想淵源則分成神仙思想、玄道思想、元氣思想；《抱朴子‧內篇》養生論的實踐態度則分成自力實踐、不傷不損、兼採眾說；《抱朴子‧內篇》養生論的實踐方法則分成辟穀食氣、導引按蹻、行氣胎息、房中寶精、存思守一、行功立德來說明。

〔註40〕　此碩論從葛洪略傳、葛洪養生思想之基本概念、養生思想的落實及醫藥學思想探析四方面著手，葛洪養生思想之基本概念則分成道論、氣論及神仙思想來說明；養生思想的落實則分成《抱朴子》著成之因緣、養生成仙的基本條件及養生成仙的實踐來說明；醫藥學思想則分成《肘後備急方》著成之因緣、方劑學、針灸學及疾病學來說明。

〔註41〕　此論文以《抱朴子‧內篇》、《肘後備急方》為研究主體，藉以究明葛洪在醫藥學上之師承、淵源與具體貢獻。從葛洪之醫藥思想（上）、葛洪之醫藥思想（下）、《抱朴子‧內篇》之醫藥價值、《肘後備急方》之醫藥價值四方面著手，葛洪之醫藥思想（上）則分成葛洪對陰陽五行思想之運用、強調氣與生命的關係、濃烈的成仙思想三方面，以探求其醫藥思想之源流與醫療主張產生之原因。葛洪之醫藥思想（下）則分成探究葛洪的養生說、醫療觀、醫德論之內容。《抱朴子‧內篇》之醫藥價值，則分成煉丹術、行氣法、房中術，以說明其在醫藥上之價值。《肘後備急方》之醫藥價值，則分成藥物、針灸、內科、傷科、傳染病、獸醫等方面說明。

教醫學豐富多元的面貌。因此筆者認為有再深入研究之必要。

　　大陸學者方面，研究成果較為豐碩。在碩士論文方面，有二十五篇，如表1-2大陸與葛洪《抱朴子‧內篇》的相關碩士論文。

表1-2：大陸與葛洪《抱朴子‧內篇》的相關碩士論文

序號	篇　名	作者	刊　名	年度
1	葛洪自然哲學思想研究	劉詩陽	河南大學碩士	2013
2	《抱朴子‧內篇》養生思想研究	樸載榮	青島大學碩士	2013
3	《抱朴子‧內篇》仙道文學研究	馬維明	廣西師範大學碩士	2012
4	論《抱朴子內篇》與嵇康之關系	李金陽	鄭州大學碩士	2011
5	葛洪政治思想研究	韓紹深	蘭州大學碩士	2011
6	葛洪數術思想研究——以《抱朴子內篇》為中心	裘梧	北京大學碩士	2010
7	在天道與人道之間	宮力	華東師範大學碩士	2010
8	葛洪美學思想研究	許潔	西北大學碩士	2010
9	葛洪神仙道教美學思想探析	曹艷麗	山東大學碩士	2010
10	葛洪儒道兼綜思想研究	劉翼民	中南大學碩士	2009
11	《抱朴子內篇》介詞研究	胡曉娜	東北師範大學碩士	2009
12	葛洪《抱朴子》美學思想解讀	汪玉蘭	四川師範大學碩士	2008
13	《抱朴子內篇》的思想體系與文學特色	王文姮	山東師範大學碩士	2008
14	《抱朴子內篇》副詞研究	單梅青	山東師範大學碩士	2008
15	葛洪生態美學思想研究	許軍	四川大學碩士	2008
16	葛洪神仙思想的生命哲學研究	許小峰	南京理工大學碩士	2007
17	論葛洪的「人間神仙」觀	陳進林	西藏民族學院碩士	2007
18	儒家思想對葛洪的影響	張媛	山東大學碩士	2007
19	論葛洪的「仙——美」觀	陽淼	四川大學碩士	2007
20	「身國同構、儒道互補」	姚明會	安徽大學碩士	2006
21	《抱朴子內篇》美學思想初探	宋麗娜	首都師範大學碩士	2006
22	論葛洪的養生思想	陳寧	中央民族大學碩士	2006
23	《抱朴子內篇》詞匯研究	成妍	南京師範大學碩士	2005
24	玄之所在，其樂不窮	李逢春	華東師範大學碩士	2005
25	葛洪儒道思想研究	鄒遠志	湖南師範大學碩士	2003

上述大陸學者在研究葛洪、《抱朴子內篇》碩士論文方面，只有陳寧：《論葛洪的養生思想》〔註42〕、樸載榮：《抱朴子‧內篇》養生思想研究〔註43〕是從養生方面著手以及裘梧：《葛洪數術思想研究──以《抱朴子內篇》爲中心》〔註44〕，此三篇雖與本論文略有關係，但是較少純粹從醫療觀念切入的研究面向，因此筆者認爲有再深入研究之必要。其餘碩士論文主要多以葛洪、《抱朴子內篇》思想方面研究爲主。另外大陸與「道教醫學」相關的碩博士論文有九篇，因爲與《抱朴子內篇》無直接關係，因此筆者將它放在本論文最後附錄二，請參閱表1－4大陸與「道教醫學」相關的碩博士論文。

（三）單篇論文

在單篇論文方面，臺灣學者約有五篇文章，有陳飛龍〈《抱朴子》修撰過程考論〉〔註45〕、段致成〈《抱朴子‧內篇》中論「儒道關係」初探〉〔註46〕、黃忠愼〈葛洪《抱朴子‧內篇》之形上理論與神仙思想〉、〔註47〕李宗定〈葛洪《抱朴子‧內篇》與魏晉玄學──「神仙是否可學致」與「聖人是否可學致」的受命觀〉〔註48〕、鄭志明〈葛洪《抱朴子‧內篇》的醫療觀〉〔註49〕。

〔註42〕 此碩論從葛洪養生思想的理論基礎、內心的修養、身體的調養、道德的修養四方面著手，葛洪養生思想的理論基礎則分成宇宙本體論、宇宙生成說、養生與長生說來說明；內心的修養則分成篤志至信的宗教信仰、能恬能靜的心理調節及存思守一的自我超越來說明；身體的調養則分成金丹、行氣、寶精、藥物及飲食起居來說明。

〔註43〕 此論文是從時代背景、葛洪家世和一生際遇出發，探討葛洪養生思想理論特色和養生實踐活動。揭示葛洪養生思想的理論基礎「玄道」和「守一」的思想，包括他的生死觀和以德養生的思想，細究金丹、行氣、房中的養生方法。最後評價《抱朴子‧內篇》養生思想對道教醫學和民間道教的影響及現代價值。

〔註44〕 此論文認爲從葛洪著作中，可以發現大量數術思想的材料，葛洪精通數術，並形成了一套以長生成仙爲最高追求的道教數術理論，通過對葛洪的人生經歷和思想流變來做說明。

〔註45〕 陳飛龍：〈《抱朴子》修撰過程考論〉，《中央大學社會文化學報》第1期，1994年5月。

〔註46〕 段致成：〈《抱朴子‧內篇》中論「儒道關係」初探〉，《鵝湖月刊》315期，2001年9月，頁28～39。

〔註47〕 黃忠愼：〈葛洪《抱朴子‧內篇》之形上理論與神仙思想〉，《國文學誌》7期，2003年12月，頁163～184。

〔註48〕 李宗定：〈葛洪《抱朴子內篇》與魏晉玄學──「神仙是否可學致」與「聖人可否學致」的受命觀〉，《臺北大學中文學報》4期，2008年3月，頁165～192。

〔註49〕 鄭志明：〈葛洪《抱朴子》內篇的醫療觀〉《道教生死學》（台北市：文津出版社，2006年5月），頁118～140。

除了學者鄭志明〈葛洪《抱朴子‧內篇》的醫療觀〉是與筆者一樣從醫療養生的角度切入，筆者本篇博士論文，就是受到學者鄭志明的啓發，而將其單篇論文，擴大爲博士論文，並從《抱朴子‧內篇》的生命醫療觀、終極生命的修持與境界、病因觀、診療法及養生法等五方面說明來詳細呈顯《抱朴子‧內篇》道教醫學研究之內涵。其餘的單篇論文主要是探討葛洪哲學與宗教思想爲主，醫療養生方面較少研究文章。

而大陸學者的研究，與葛洪、《抱朴子內篇》有密切相關的，約有一百零五篇文章，大致內容有葛洪生平和事蹟研究、著述研究及思想研究。從此中可以看出 80 年代以來，對葛洪、《抱朴子內篇》的研究，主要還是集中在他的思想方面，特別是他的道教思想研究。大致可以分爲哲學與宗教思想、政治與倫理思想、人格理想和隱逸思想及養生醫學等方面。筆者將一百零五篇單篇論文中，與葛洪、《抱朴子內篇》的醫療養生密切相關的單篇論文梳理出來，做成表 1－3，共有二十六篇單篇論文，如表 1－3。

表 1－3：大陸與葛洪《抱朴子‧內篇》的醫療養生相關的單篇論文

序號	篇　名	作者	刊　名	年／期
1	《抱朴子內篇》科學教育思想初探	丁毅	華中師範大學研究生學報	2012／04
2	葛洪養生思想管窺	文豪	河南工業大學學報（社會科學版）	2012／02
3	道教行氣養生術及其現代價值綜論	郝爽	中國道教	2011／06
4	《抱朴子外篇‧嘉遁》的道教思想	宋晶	中國道教	2011／03
5	再論葛洪的神仙思想	熊鐵基	中國道教	2011／02
6	葛洪與魏晉玄學	孫亦平	南京社會科學	2011／01
7	《西游記》中的「定身法」「大鬧天宮」等素材源于《抱朴子內篇》	王四四	內江師範學院學報	2010／09
8	從葛洪著述管窺葛洪的道教醫學思想	吳學宗	廣州社會主義學院學報	2009／03
9	《抱朴子內篇》養生思想與方術探討	陸艷	黃山學院學報	2009／02
10	《抱朴子內篇》的養生保健理論	肖太國 王鳳芹	湖南中醫藥大學學報	2008／12
11	《抱朴子養生論》作者考辨	余植	安徽文學（下半月）	2008／10

序號	篇　名	作者	刊　名	年／期
12	葛洪的漢學傾向——兼論葛洪與魏晉玄學的關系	丁宏武	宗教學研究	2008／02
13	論葛洪的修道思想和方法	羅中樞	世界宗教研究	2004／04
14	葛洪神仙道教思想與黃老學的關系	丁原明	文史哲	2004／03
15	《抱朴子・內篇》中的性養生觀	嘉男	家庭.育兒	2003／08
16	論葛洪的道教內丹養生學	徐儀明	商丘師範學院學報	2003／06
17	葛洪內丹養生學探析	徐儀明	南京中醫藥大學學報（社會科學版）	2003／04
18	人皆可以為神仙——葛洪神仙論的現代詮釋	熊鐵基	中國道教	2003／06
19	六朝煉丹術及其化學成就	戴建平	科技與經濟	2001／03
20	傳統叩齒養生術	逸仙	健身科學	1999／05
21	顏之推寫《抱朴子》？	章錫良	咬文嚼字	1999／06
22	葛洪的美學思想及其對中醫美容學的貢獻	黃霏莉	中華醫學美容雜誌	1999／03
23	葛洪論「道源儒流」與「尊道貴儒」——《抱朴子》為什么分《內篇》、《外篇》？	金毅	北京第二外國語學院學報	1998／01
24	中國古代氣功要籍導讀④		氣功	1997／11
25	略論葛洪對針灸學的貢獻	趙俊岭魏連海	針灸臨床雜誌	1997／03
26	葛洪的養生術	韓建斌	世界宗教文化	1996／03
27	《抱朴子內篇》長生思想辨析	薛公忱	中醫文獻雜誌	1996／02
28	從葛洪和陶弘景看到教對古代醫學的影響	郭起華	世界宗教研究	1982／01

　　上述二十八篇單篇論文與本論文密切相關的，例如郭起華的〈從葛洪和陶弘景看到教對古代醫學的影響〉﹝註50﹞、韓建斌的〈葛洪的養生術〉﹝註51﹞、

﹝註50﹞作者認為葛洪和陶弘景提倡的「保精行氣」，集中晉以前有關氣功理論的大成，在煉丹過程中，給我國藥物學提供了有效的化學製藥方法，在醫術上也取得了較高的成就。請參閱郭起華的〈從葛洪和陶弘景看到教對古代醫學的影響〉《世界宗教研究》，1982 年第 1 期。
﹝註51﹞作者認為葛洪最重視的養生術是以不死成仙為重要目的，以服食金丹為主要方法，以房中行氣醫學等綜合養生。請參閱韓建斌的〈葛洪的養生術〉《世界宗教研究》，1996 年第 3 期。

黃霏莉的〈葛洪的美學思想及其對中醫美容學的貢獻〉〔註52〕、戴建平的〈六朝煉丹術及其化學成就〉〔註53〕、薛公忱的〈《抱朴子內篇》長生思想辨析〉〔註54〕等，其餘雖然略有關係，但因每篇篇幅較短，且多屬概要式論述，不夠深入與全面。筆者將這些引以爲參考資料，在論文的適當篇幅中將會引用說明。

另外台灣與大陸學者的研究，與「道教醫學」有密切相關的期刊論文，約有八十八篇文章，大致內容有道教醫學的定義、對象、範圍和思維模式，以及道教醫學養生的方法和理論，包括氣功、存思、服食和食療等研究，值得一提的是在八十八篇文章中，有十二篇是由學者蓋建民所發表，有三篇是學者針對蓋建民的《道教醫學導論》給予正面肯定的文章，總共十五篇，所佔比例爲17%。這些與「道教醫學」相關的期刊論文有八十八篇，因爲與《抱朴子‧內篇》的道教醫學之研究無直接關係，若是稍有關係的，因篇幅較短，多屬概要式論述，不夠深入與全面。筆者將這些引以爲參考資料，在論文的適當章節中將會引用說明。因此筆者將它放在本論文最後附錄二，請參閱表1－5台灣、大陸與「道教醫學」相關的期刊論文。

綜觀以上所述，可以看出有關葛洪、《抱朴子‧內篇》、道教醫學三方面的研究，雖然取得了豐碩成果，但是較少純粹從道教醫療觀念切入的研究面向，這些與生命、醫療、宗教課題及道教經典在醫療生命觀念的微觀研究等課題，是值得進行深入探討與研究的，以掘發出豐富的道教醫學內涵、肯定傳統文化體系與生態系統下的醫學觀念與醫療行爲，道教醫學也有其實踐的價值理性，這些是筆者認爲有必要再深入研究此課題之所在。

二、前人對《抱朴子‧內篇》研究成果之限制

《抱朴子‧內篇‧黃白》中有若干藥名很隱晦玄秘，像是陵陽子明、守

〔註52〕作者探討《抱朴子‧內篇》和《肘後備急方》中體現出的醫學、美容思想和美容技巧。請參閱黃霏莉的〈葛洪的美學思想及其對中醫美容學的貢獻〉《中華醫學美容雜誌》，1999年第3期。

〔註53〕作者葛洪和陶弘景爲代表的六朝煉丹術的理論和方法及其在化學方面的成就進行總結。請參閱戴建平：〈六朝煉丹術及其化學成就〉《科技與經濟》，2001年3期。

〔註54〕作者認爲葛洪的長生之理不同於一般的宗教教義，以一定的理性思考和實際探索爲基礎，不能完全斥之以誕謬。請參閱薛公忱：〈《抱朴子內篇》長生思想辨析〉《中醫文獻雜誌》，1996年2期。

田公、戴文浴等，不易考查明白。另外學者林文欽也曾指出與內丹有關的幾點困境：

> 一是要瞭解「字字有象，語語有指」外，還需要瞭解易象與律曆的關係，瞭解當時煉藥的具體操作法，以及瞭解當時的黃老養生法；
> 二是難解的「推類結字」術語；三是密傳口訣，難窺其奧。〔註55〕

而這些也是《抱朴子·內篇》與內丹有關文字的困境，例如《抱朴子·內篇·地真》曰：

> 一在北極大淵之中，前有明堂，後有絳宮；巍巍華蓋，金樓穹隆；
> 左罡右魁，激波揚空；玄芝被崖，朱草蒙瓏；白玉嵯峨，日月垂光；
> 歷火過水，經玄涉黃；城闕交錯，帷帳琳琅；龍虎列衛，神人在傍；
> 不施不與，一安其所；不遲不疾，一安其室；能暇能豫，一乃不去；
> 守一存真，乃能通神；少欲約食，一乃留息；白刃臨頸，思一得生；
> 知一不難，難在於終；守之不失，可以無窮；陸辟惡獸，水卻蛟龍；
> 不畏魍魎，挾毒之蟲；鬼不敢近，刃不敢中。〔註56〕

隱語很多，雖然推敲文意，似以象徵性的語言，對自我生理結構及內臟的功能作用的揭示。以及真人守身煉形之術可以用一首口訣來概括：

> 夫始青之下月與日，兩半同昇合成一。
> 出彼玉池入金室，大如彈丸黃如橘，
> 中有嘉味甘如蜜，子能得之謹勿失。
> 既往不追身將滅，純白之氣至微密，
> 昇於幽關三曲折，中丹煌煌獨無匹，
> 立之命門形不卒，淵乎妙矣難致詰。〔註57〕

為我們貢獻了當時道教已經流行並可以相對公開的修煉方法，甚至於有助於讓我們了解這一階段道教理論實踐的具體細節。但是那些隱語包含的具體內容，是我們至目前為止難以確定的東西。除了可與《大洞真經》、《黃庭經》

〔註55〕 林文欽：〈從讀《周易參同契》談道教煉丹養生的困境與突破〉《第一屆道家、道教養生學術研討會論文集》（高雄市：高雄師範大學國文學系，2008 年 7 月）。

〔註56〕 引自葛洪著、王明校釋：《抱朴子內篇校釋》（北京：中華書局，1985 年 3 月），頁 324。是書據（清）孫星衍「平津館校刊本」為底本點校，本文後面所引《抱朴子·內篇》皆據此本。以下引用同書，僅注明卷數及頁碼。

〔註57〕 《抱朴子·內篇·微旨》，卷6，頁 128。

與《黃帝內經》相互詮釋的成份之外，是否還有不爲外人理解，但已難究其詳的因素，實在是不易索隱。但歸納來說，後世內丹學的臟腑理論與丹田學說，不能與此無關。〔註58〕

第四節　研究範圍與方法

　　《抱朴子‧內篇》因爲具有豐富詳贍的仙道資料，所以在宋朝已有篇卷分合的不同本子出現，並且有佚失的情形，所以有關《抱朴子‧內篇》筆者是以王明的《抱朴子內篇校釋》（增訂本）（中華書局，1985 年 3 月第二版）爲主要版本，本論文的研究方法則是採用紮根理論研究法，此紮根法之優點爲適足以彌補經驗性研究容易造成的輕、薄、短、小狀態，可說是一個更有效的研究途徑，研究理論則有「道教醫學同心圓理論」。

一、研究範圍

　　《抱朴子‧內篇》因爲具有豐富詳贍的仙道資料，所以在宋朝已有篇卷分合的不同本子出現，並且有佚失的情形，相關文本的採用，由於有篇卷分合的不同及前後次序的差異，往往對研究者造成解讀上之困難。葛洪撰述《抱朴子》時，直到三十五歲才完成。先成外篇，再撰內篇，各自單獨成書。外篇自敘稱：「凡著內篇二十卷，外篇五十卷。」一共七十卷。然而篇數，《晉書》本傳說是一百一十六篇，從中可知篇卷有別，並非篇各一卷，並且有數篇合爲一卷之情形。從隋志著錄到唐志著錄再到宋朝〔註59〕，從卷數的差異，可以推知宋代的《抱朴子》已有分合的不同，且佚失的情況極爲嚴重。從殘存的情況來看，內篇是十之五、六，已非完帙，因而不能從今本完全推知葛洪原先的思想內容。

〔註58〕強昱：〈葛洪的內修理論及價值〉參見楊世華主編：《葛洪研究二集》（武漢：華中師範大學出版社，2008 年 4 月），頁 96～98。

〔註59〕隋志著錄有內篇二十卷，音一卷，音釋一卷，也屬注解。外篇則只有三十卷，據原著：梁有五十一卷，當是五十卷之外，有音一卷。僅存三十卷，或已有變化。到唐志著錄有大的變化：舊唐志、內篇二十卷，外篇五十卷；而新唐志、內篇十卷，外篇二十卷，大概在宋朝，已漸有篇卷分合的不同本子出現：保存七十卷（內二十、外五十）的有中興館閣書目、及宋志；其他或四十卷（內二十、外二十），如崇文總目；三十卷（內二十、外十），如郡齋讀書志；五十卷（內二十、外三十），如通志藝文略、文獻通考等。

今日所見的諸種刊本，以明世宗嘉靖四十四年重刊英宗正統十年的承訓書院魯藩本為最古，現收錄於四部叢刊，屬於道藏本系統。明烏程盧舜治、吳興慎懋官刊本，又參校宋本、道藏本等刊行。依照道書的流傳，道藏本常能保留較完善的本子。但是《抱朴子》是道教中的經典，在《道藏》的編纂過程中，何時被收入、鋟板，目前已不易考知，但是《正統道藏》所收錄的《抱朴子》，已非完帙，是個不爭的事實。但是因為道藏本系統，仍然具有不可磨滅的價值，所以清孫星衍、方維甸、顧廣圻，根據多種版本，重加校勘，成為流行最廣的孫校本。

所以有關《抱朴子・內篇》筆者是以王明的《抱朴子內篇校釋》（增訂本）（中華書局，1985 年 3 月第二版）為主要版本，原因為：

（一）王明的《抱朴子內篇校釋》（增訂本），是以清人孫星衍的平津館勘本為底本，而孫本根據多種版本，重加校勘，如參閱天一閣善本及盧文弨手校明刻本，明嘉靖時潘藩刊本。

（二）立於孫校本的基礎上，王明（增訂本）又參酌增校了兩個本子：一是宋紹興壬申歲（二十二年）臨安刊本《抱朴子內篇》，簡稱宋浙本。另一個是海外善本，日本田中慶太郎藏的古寫本《抱朴子》（論仙第二，對俗第三兩篇），是大正十二年二月二十五日影印發行的，簡稱影古寫本。

宋浙本《抱朴子內篇》二十卷，為遼寧省圖書館藏書，算是海外孤本，它是現存《抱朴子》比較完整的最古的本子，在校勘上已有一定之嚴謹度。〔註60〕緣於以上理由，故本論文於文本上採用王明校本，惟王明校本亦於凡例中言明，其採明刊慎懋官校本者亦多，此版本是明萬曆 12 年（1584），筆者於國家圖書館中亦影印此明刊善本，佐為參考，以期於文本上能盡量完善。為求引用上之準確，故於眾選本中，擇王明校本為基準，若有必要之處，再參佐明刊慎懋官校本，引用慎本時，將另行註解。

〔註60〕市面上的其他出版社版本有：顧久譯：《抱朴子內篇全譯》（貴州：貴州人民出版社，1995 年版）。李中華：《新譯抱朴子》（台北：三民書局，1996 年版）。王慶元、楊端志等譯注：《抱朴子譯注》（台北市：建安出版社，1999 年 2 月版）。陳飛龍註譯：《抱朴子內篇今註今譯》（台北市：台灣商務，2000 年 1 月版）。何淑貞校注：《新編抱朴子・內篇》（台北市：國立編譯館，2002 年 3 月版）。邱鳳俠：《抱朴子內篇注譯》（北京：中國社會科學出版社，2004 年版）。蘇華仁總主編：《葛洪《抱朴子》道醫丹道修真學》（台北市：大展出版社，2013 年 7 月）。

二、研究方法

　　本論文的研究方法是採用紮根理論研究法，何謂紮根理論研究法（以下簡稱紮根法）？它是質化研究方法的一種，〔註61〕針對當時美國社會學界所流行的缺乏充裕經驗性資料的鉅型理論，以及只有變數分析的經驗性研究所作的一種反擊。此方法由 Strauss（1987）及 Strauss&corbin（1990）所揭示，其內容為：

> 紮根法與一般質化方法有不同的偏重，那就是在一個明確的「社會學需要建立理論」的目標下，認為質化研究或任何研究，應著重資料分析與建立理論。Strauss 與他的同僚們所作的，補充了質化研究過去只偏重經驗的傳授與技巧的訓練，而提供了一套明確有系統的策略，藉此幫助研究者思考、分析整理資料，以發掘並建立理論。
> 〔註62〕

因此紮根法被認為是質化方法中最科學的一種方法，這是指它十分遵循科學原則，例如：歸納與演繹並用的推理過程、比較的原則、假設驗證與理論建立。

　　紮根法在執行時，原則上，研究者所擬研究的對象應是一些經常出現而饒富研究潛力的現象（蘊含多種特徵、面向與歧異性），所以，案例是要達到某種程度的「多」才足以成為研究者收集分析的對象。其次研究者就所搜集到的資料比較現象的異同，可以突顯所研究現象的特質。此一特質若再經比較，發現是所研究現象中普遍相同的特質，研究者即可歸納並提升到抽象層次成為概念，再針對相同的理論來加以說明。例如本論文第四章表 4－1 與「他力度世」有關的資料，筆者是將《抱朴子‧內篇》中的文本，與「他力度世」有關的資料梳理出來整理成表 4－1，然後在按照序號來加以分析與說明，如此一來就更能掌握《抱朴子‧內篇》中有那些他力的方式可以度世，並且明瞭疾病的出現與人的善惡行為是緊密相互聯繫的。本論文從第四章至第七章的表格都是使用紮根理論研究法來執行製作與分析說明。

〔註61〕質化研究可說是著眼於研究者和被研究者在日常生活世界中意義的描述及詮釋的研究，一般是指不經由統計程序或其他量化手續而產生研究結果的方法。參見高敬文：《質化研究方法論》，台北市：師大書苑有限公司，民88年9月，頁2～8。

〔註62〕徐宗國：〈紮根理論研究法〉收錄於胡幼慧主編：質性研究、理論、方法及本土女性研究實例》，台北市：巨流圖書公司，民85年6月，頁48。

一般說來，紮根法所使用的原則有科學邏輯、登錄典範、互動地思考三原則，分析資料的技術是分解，綜合的來回運作。因此全篇的研究報告就在研究者不斷分析、綜合、演繹、歸納、比較思考與寫作中，逐漸由概念到關係，由關係群到理論的分析，並配合實況的詳細記錄，形成既有理論亦有記錄的學術作品。此紮根法之優點爲適足以彌補經驗性研究容易造成的輕、薄、短、小狀態。研究者可以由小，少做起，由幾個案例發揮想像，思考捕捉重要的素質，由一個正確的點切入社會現象，瞭解其組成、過程與機制，以及其與環境間的關係，可說是一個更有效的研究途徑。

三、研究理論

道教不只是一種宗教，更是中華文化的內涵。它是一種生活的文化，嘗試在天、人的關係中，建立起一種法天行道的人生觀。學者魯迅曾說：「中國的根柢，全在道教。」〔註63〕西方心理學家榮格（Carl Gustav Jung，1875～1961）提出「集體潛意識」〔註64〕理論可以用來說明道教融攝原始信仰（原始宗教）〔註65〕、民間習俗成爲中國人日常生活、性格思想中不可磨滅的印記。人類最早的文化創造便是原始宗教，有學者認爲：「人類最早的思想，是借助宗教的形式表達出來的。在原始文化中最早出現的就是原始宗教。……實際上，原始宗教與原始文化是不分彼此、渾然一體、相伴相依、共生共長的。」〔註66〕也許有人懷疑原始宗教的理性成分，但是弗雷澤（James Frazer）在其著作《金枝》中認爲：

〔註63〕 魯迅：〈致許壽裳〉《魯迅選集》4（北京：人民出版社，2004 年），頁 378。
〔註64〕 榮格著、劉國彬、楊德友合譯：《榮格自傳——回憶・夢・省思》（台北市：張老師文化，1997 年），榮格認爲：「人生下來後，就具有思維、情慾、知覺等先天傾向，具有以某些特別的方式做出反應和行動的先天傾向，即採取與自己的祖先同樣的方式來把握世界和做出反應的傾向。這些傾向的顯現完全不依賴個人後天的經驗。……他認爲，人的心理是透過進化而預先確定的，個人因而與往昔有所連結，不僅與自己的童年，更重要的是與種族的往昔連結，甚至還與有機界的整個漫長進化過程連結。這個往昔，並不是個人的潛意識，主要是『集體的』潛意識。」參見譯序文。
〔註65〕 「原始」一詞在社會科學中有兩種用法：第一種具有「由祖先傳來得的」之意義；第二種在人類學中是指人類的早期狀態，或是遺留在人群中的現象。參見王雲五編：《雲五社會科學大辭典・人類學》（台北：臺灣商務印書館，1971 年）第 10 冊，頁 197。
〔註66〕 黃海德、張禹東主編：《宗教與文化》（北京：社會科學出版社，2005 年），頁 15。

　　巫術與科學在認知世界的概念上，兩者是相近的。二者都認定事件
的演替是完全有規律的和肯定的。並且由於這些演變是由不變的規
律所決定的，所以它們是可以準確地預見到和推算出來。一切不定
的、偶然的和意外的因素，均被排除在自然進程之外。對那些深知
事物的起因，並能接觸到這部龐大複雜的宇宙自然機器運轉奧秘發
條的人來說，巫術與科學這二者似乎都爲他開闢了具有無限可能性
的前景。於是，巫術同科學一樣在人們的頭腦中產生了強烈的吸引
力，強有力地刺激著對於知識的追求。〔註67〕

原始信仰採用的巫術手段是理性思維的結果，即使它是「對空間或時間兩種
思維的基本規律的錯誤運用」〔註68〕，並不妨礙它展現了人類初期理性思維
的本質。隨著人類探索宇宙事物奧祕能力的提升，科學越發達，便越容易忽
略原始信仰中巫術行爲的理性色彩。

（一）道教醫學同心圓理論

　　日本學者吉元昭治在〈道教和中國醫學〉一文中對道教醫學有過專門的
論述，〔註69〕他曾根據道教醫學與現代中醫學在內容上的差異程度，以現代
中醫學爲參照，將道教醫學區分爲三個不同層面，即：

道教醫學是以道教長生不老的教旨爲主要目的的醫學，其內容由裏
至外可以劃分爲三個層次。其中心層次和湯液、針灸、本草等中國
傳統醫學的立足點基本相同，且和服餌、外丹聯繫在一起。中間層
次是導引、調息、卻穀、內視、房中、內丹等爲增進健康和長生的
自我鍛鍊（肉體的、精神的）方法，和今日氣功與太極拳相當，有
很強的自力傾向，在廣義上和中國傳統醫學相聯繫。最外層次是符
籙、藥籤、祝咒、祭祀、齋醮一類具有強烈他力傾向的療法，將中
國傳統醫學的範圍拓展得更廣。〔註70〕

道教醫學的理論基礎包括：巫的信仰、道家養生、神仙說、陰陽五行說、精
氣神學說、經絡臟腑學說及天、地、人三位一體的天人相通、天人感應學說

〔註67〕弗雷澤著、汪培基譯：《金枝：巫術與宗教之研究》（台北：久大桂冠圖書公
　　　司，1991年），頁76。
〔註68〕黃海德、張禹東主編：《宗教與文化》，頁15。
〔註69〕吉元昭治：《道教與不老長壽醫學》（四川：成都出版社，1992年），頁9。
〔註70〕胡孚琛：《魏晉神仙道教》（北京：人民出版社，1989年6月），頁272。

等，這些理論將於第三章中再詳細說明。湯液、針灸、本草、導引、按摩、祝由是道教醫學研究的對象與醫療的手段，而針灸、導引、按摩相結合，則可以祛疾治病。

　　道教醫學是一種宗教醫學，作為宗教與科學互動的產物，它是道教徒圍繞其宗教信仰、教義和目的，為了解決生與死的宗教問題，在與傳統醫學相互交融過程中，逐步發展起來的一種特殊醫學體系，同時也是一門帶有鮮明道教色彩的中華傳統醫學流派。學者蓋建民認為道教醫學包括四個特點，分別為：

（一）道教醫學不同於一般的醫學分支，它帶有明顯的宗教特徵，在性質上屬於宗教醫學的範疇。

（二）道教醫學在內容與形式上具有包羅宏富、多樣性的特徵。它與傳統醫學在基礎理論和臨床治療手段上既有相同之處，也有相異之點。

（三）道教醫學中蘊涵了極為豐富的醫學治療思想，道教符籙、咒術、辟穀、服食諸術中，內含深刻的醫學底蘊。

（四）道教醫學模式是一種熔生理治療、心理治療；社會治療和精神信仰治療為一爐的綜合性醫學模式，這一醫學模式是以天人合一、天人相應的中國傳統哲學思想為指導，建立在道教宇宙論，人天觀和身心觀基礎之上。〔註71〕

因此筆者將之融合成圖一「道教醫學同心圓理論」，作為《抱朴子‧內篇》道教醫學的理論之一，以此來探究道教醫學外煉——藥物養身的生理醫療及道教醫學內修——數術延命的自我醫療與宗教醫療之內容。期許能呈顯《抱朴子‧內篇》道教醫學中有關消體疾、延壽命的治病、養生——實用性生存功利的世俗醫療，以及有關辟邪惡、度不祥的解厄、祈福——精神功利的神聖醫療，進行深入的微觀研究，揭示神仙道教醫學的真正內蘊。

〔註71〕蓋建民：《道教醫學》（北京：宗教文化出版社，2001年），頁 268～269。

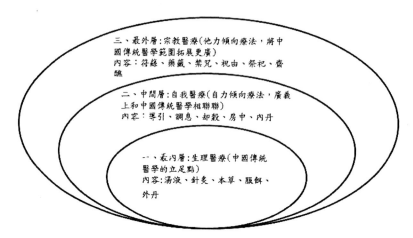

理論基礎：巫之信仰、陰陽五行說、道家養生、神仙方術、精氣神學說、經絡臟腑
　　　　　說、天人感應說

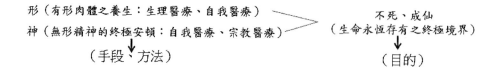

形（有形肉體之養生：生理醫療、自我醫療）　　　　　　不死、成仙
神（無形精神的終極安頓：自我醫療、宗教醫療）　　　（生命永恆存有之終極境界）
　　　　　　（手段、方法）　　　　　　　　　　　　　　　（目的）

圖一：道教醫學同心圓理論

　　如圖一〔註72〕所示，中心圓的部分是屬於中國傳統醫學的部分，與現代
中醫學大致相同，內容上最爲接近，筆者將它歸類於「生理醫療法」，並且可
以說是東方傳統醫療的重點所在，可以從「健體防病」的角度來加以運用。
然而西方醫學是把人分成身、心、靈三部分的治療，「身」方面有解剖、生理
的研究，「心」方面有精神醫學、心理諮商，「靈」方面有精神科、宗教。西
方醫學臨床治療，也就是依據生理學系統分類的知識來做分科治療，在「生
理醫療」部分是把人體分成幾大系統（醫學生理把人體分爲幾大領域：心臟
及循環（Heart & circulation），體液及腎臟（Body fluid & kidneys），血液及免

〔註72〕圖一筆者是根據日本學者吉元昭治在本章 P.26 方塊引文中的說明，加上筆者
　　　　對《抱朴子‧內篇》道教醫學的了解所自行畫出來的圖，它以現代中醫學爲
　　　　參照，將道教醫學區分爲三個不同層面。在此要特別說明的是一、最內層：
　　　　生理醫療（中國傳統醫學的立足點）內容有湯液、針灸、本草、服餌、外丹。
　　　　有關「外丹」的部分，在《抱朴子‧內篇》是屬於「治已病」的靈性療法，
　　　　應該放在第三圖最外層宗教醫療的內容部分，詳細的說明請參閱本論文第六
　　　　章第三節部分。

疫（Blood cells & immunity），呼吸（Respiration）神經系統（Nervous system），腸胃生理（Gastrointestinal physiology），新陳代謝（Metabolism），內分泌及生殖（Endocrinology & reproduction），去做疾病的診斷與治療〔註73〕。中心圓的部分爲增進健康和長生的自我鍛鍊（肉體的、精神的）方法，在廣義上和中國傳統醫學相聯繫，有很強的「自力」傾向，是道教醫學最具特色的部分，因此筆者將它歸類於「自力傾向療法」，意即「自我醫療」，它的性質是屬於自我運動、自我鍛鍊與自我醫治的技術，目的在達到養生之盡理。西方醫學在此部分是屬於自我健康管理部分，倡導適當運動、均衡飲食、良好的生活形態等。外周圓部分，其內容包括符、占、籤、咒、齋、祭祀、祈禱等，這一部分與民間信仰、民間療法有很密切的關係，包括戒律、倫理和「他力」的範圍之內〔註74〕，具有強烈他力傾向的療法，將中國傳統醫學的範圍拓展得更廣，因此筆者將它歸類於「他力傾向療法」，意即「宗教醫療」，運用感通鬼神，來達到驅除病魔與救人性命的目的。西方醫學在此部分是屬於精神科與宗教（自我宗教體驗）的範圍。

以上所述可以簡單的用形（有形的肉體養生）與神（心靈的整體精神調適）來做說明。在肉體養生方面：是用消體疾、來延壽命，以達到道教「不死」、「成仙」的目的。所以消體疾、延壽命只是手段，而其所發展出來的實踐工夫則有藥物養身的「生理醫療」。在心靈的整體精神調適（無形精神的終極安頓）方面：對修道人來說，方術可以辟邪惡、度不祥、來延壽命，幫助人們趨吉避凶，擴充修道作用與功能，可以協助或擴充人的「自我醫療」能力，強化天人間的對應法則，在「天人相應」過程中避禍求福，以達到生命永恆存有的終極境界。其所發展出來的術數延命實踐工夫則有內疾不生的「自我醫療」、外患不入的「宗教醫療」，是直接從精神層次來避開話化解各種災難、疾病的侵襲，是超出科學實證的範圍。

（二）宇宙圖式

傳統社會是一個以「人」作爲主體的存在空間，〔註75〕對應著宇宙整體

〔註73〕 John E. Hall, PhD：《Guyton and Hall Textbook of Medical Physiology》（Imprint: Saunders 12th Edition, 2011 年.

〔註74〕 吉元昭治：《台灣寺廟藥籤研究》（台北：武陵出版社，1993 年），頁 56。

〔註75〕 陳文尚：《台灣傳統三合院式家屋的身體意象——地理知識學的例證研究之二》（台北：中國文化大學地理學系，1993 年），頁 23。

的存在,意識到人與天地的自然對應,進而發展出人與鬼神的超自然對應,從而建立文化傳承下深層的宇宙觀與空間觀。從文化內涵來說,宇宙觀念的傳承是非常重要的,因爲它統攝現實生活中意識形態,提供了一定的「宇宙圖式」,以此作爲民眾生活模式的價值尺度與行動指南。學者鄭志明認爲:

> 所謂「宇宙圖式」,是指傳統社會最基本的宇宙認知模式,將原本流傳的各種宇宙觀念加以整合成基本圖式,建構出認識宇宙的空間模式。〔註76〕

根據學者張光直的考察,認爲「天圓地方」是古代中國人的宇宙認知基調,〔註77〕發展出相應於方形或圓形的核心存在,形構著圓心與圓的對應形態,即一個「中心」與一個「外環」的「圓形」空間基型。形成人們的生存要先有一個「核心性」的所在,這種核心安置了人們共同認可下的存在意義與價值。

中國社會的傳統宗教是建立在神聖性的精神體驗上,相信在人之上是有著超越的終極實體,彼此間是可以相互感通甚至是合而爲一的,習慣將此終極實體稱爲「天」,進而發展出「天人合一」的哲學系統與宗教系統。「天人合一」從「天地人三位一體」的思維模式發展到「天地人神四位一體」的思維模式。所謂「天地人三位一體」,是從易經的「三才」思維而來,認爲人可以參與天地成爲宇宙的核心。所謂「天地人神四位一體」,是引用德國哲學家海德格(Martin Heidegger)的觀念與用語,認爲天地人神等四者是相連歸一,人的定居環境是四位一體的顯現,使天與地、神與人的渾然一體進駐場地,庇護與安置人的生活。〔註78〕中國傳統宗教則習慣以二元的鬼神來指稱所有泛靈的精神體,因此學者鄭志明認爲:海德格的「天地人神四位一體」的說法,或許可以改爲「天地人鬼神五位一體」的宇宙圖式,其中可以分爲兩組,即「天地人一體」與「人鬼神一體」,顯示人的存在,可以交感天地的自然,同時也可以交感鬼神的超自然,人的存在必須維持與天地的自然和諧,更須要鞏固人與鬼神的超自然和諧。

〔註76〕鄭志明:《華人宗教的文化意識第一卷》(台北:宗教文化研究中心,2001年),頁56。
〔註77〕張光直:〈談「琮」及其在古史上的意義〉《中國青銅器時代(第二集)》(台北:聯經出版事業公司,1990年),頁70。
〔註78〕海德格著、陳伯仲譯:〈建、居、思〉《建築現象學導論》(台北:桂冠圖書公司,1992年),頁59。

　　「天地」與「鬼神」實際上都是抽象的形上存有，人的具體存在往往依附於這種形上的超越力量，進而將「天地」與「鬼神」安置在生活空間的核心位置上。〔註 79〕天地的宇宙觀念與鬼神的靈性觀念，都是在人之上的抽象存有，在人的實有位置上，同時對應著四個虛靈的「天地鬼神」之位。因此從現實生活的秩序和諧來說，「天地」與「鬼神」是同等重要的，自然與超自然都是形上的價值存有，成為支配人間生活運作的方向與法則，也是生存場域平安和諧的保證。顯示人的生命不單是生物性的個體，而是與宇宙存在著全息對應的關係，相信人與天地鬼神確實有著相互交通的共性。如圖二〔註 80〕「天地人鬼神五位一體」的宇宙圖式。

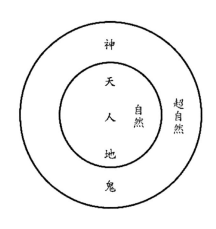

1. 人是圓心，居於核心地位，也是宇宙論的核心，與內圈的天地、外圈的神鬼，形構中心與圓形的空間對應基型。
2. 內圈指「天地人一體」的宇宙觀，人的存在可以交感天地，維持與自然的和諧。
3. 外圈指「人鬼神一體」的宇宙觀，人的存在可以交感鬼神，維持與超自然的和諧。

故人的存在是在天地、鬼神生活空間的核心位置上，人的「實」對應天地鬼神四位的「虛」。此宇宙論的核心安置了人們共同認可下的存在意義與價值。

圖二：「天地人鬼神五位一體」的宇宙圖式

　　從宗教的觀點來說，人與天地的感通是建立在靈性的基礎上，是在「萬物有靈」的認知下，溝通了人與天地同一的生命形態。此種生命形態進而發

〔註 79〕　鄭志明：《宗教與民俗醫療》（台北：大元書局，2004 年），頁 88。
〔註 80〕　圖二筆者是根據學者鄭志明在《傳統宗教的文化詮釋——天地人鬼神五位一體》書中的觀點所繪製而成，並以此理論為基本架構來展開說明《抱朴子·內篇》的道教醫療理論。它可以從最簡單的「天人」二位對應關係開始，發展成「三才」也就是「天地人」以及「人鬼神」二個三位對應關係，代表人對應自然與超自然的法則，維繫著自然與超自然的生存秩序。二個三位對應關係，綜合成「天地人鬼神五位一體」的宇宙圖式。請參閱鄭志明：《傳統宗教的文化詮釋——天地人鬼神五位一體》（台北市：文津出版社，2009 年），頁 1～16。

展出人與鬼神合一的超自然關係。「人」是有形的生命，而「鬼神」是無形的生命，或者可以說無形的「鬼神」生命是「人」有形生命的延續，「鬼神」與「天地」相似，都是用來象徵超越性的終極實體。從「天地人合一」的混沌觀念可能導出「人鬼神合一」的認知，發展出「人鬼神三位一體」的生命觀。所謂「人鬼神三位一體」，是指人鬼神在生命的表現形態上可以區分爲三位，但是在靈性的會通上則能混同爲一。人的實有生命即同時含有鬼神之性，彼此間可以相互感應，甚至經由主體的生命證悟，可以將人提升到形上的鬼神境界。

所以「天地人三位一體」的宇宙觀與「人鬼神三位一體」的生命觀，在以「人」爲核心之下，發展出交錯的關係，顯示出實存的人可以對應抽象性的天地鬼神等四個位，形成了「天地人鬼神五位一體」的終極觀。〔註81〕所以天地鬼神可以區分爲四個位，也能彼此統合一個位（即天），一位是一元的宇宙論，四位則是四元的宇宙論，再加上對應實存的人，形成五元宇宙論。傳統宗教實際上是以「人」爲宇宙的核心，重視實存的人能與天地交感合其序與鬼神交感合吉凶的和諧感通能力。抽象的終極實體，儘管有多種的形態，其與人的相互交通與感應是一致的，自然的天地與超自然的鬼神，都是「道」的造化作用，可以幫助實有的人在精神性的陰陽消長與幽冥感應中，確立自身存有的生命主體。

（三）三層面的和諧均衡觀

社會有其運行的秩序，這種秩序包含物質層面與精神層面，精神層面的重要性不亞於物質層面，人們渴望著天、人、社會的整體和諧，重視維持人與社會、自然的運行秩序，認爲天、人、社會是可以互相感應，因此能經由宗教醫療的技術與方法，來追求現世的福祉目的。〔註82〕《抱朴子‧內篇》道教醫學的文化核心是圍繞在「病因觀」上而展開的，所謂「病因觀」，不單是指疾病的現象，同時反映人們現實生活中的宇宙運作觀，學者李亦園指出傳統社會的宇宙運作觀是建立在「三層面的和諧均衡觀」上，所謂「三層面」是指三個層面或三個系統，亦即個體或有機體系統、人際關係系統與自然關

〔註81〕鄭志明：《傳統宗教的文化詮釋——天地人鬼神五位一體》（台北：文津出版社，2009 年），頁 4～5。

〔註82〕呂理政：《天、人、社會——試論中國傳統的宇宙認知模型》（台北：中央研究院民族學研究所，1990 年），頁 249。

係系統等，〔註 83〕三層面的和諧均衡觀，三者是交相感應、互爲一體。從和諧的觀念來解析傳統的文化特色，是相當有創見的，如何從衝突的情境中建立出「和諧辯證觀」，提供中國人完整的價值體系、行爲規範、修身準則與生活因應方式，〔註84〕同樣地《抱朴子·內篇》對疾病的看法也離不開這種「和諧化辯證觀」，企圖從疾病的衝突中，建立身體存有的和諧世界。葛洪《抱朴子·內篇》的「病因觀」主要可以簡單分爲病因內因——正氣不足，病因外因——邪氣入侵，當正不勝邪時，人就會生病。所以「正氣不足」是其內因，「邪氣侵害」是外因，內外因素夾攻下，就會引起疾病。如圖三：傳統社會三層面的和諧均衡觀。

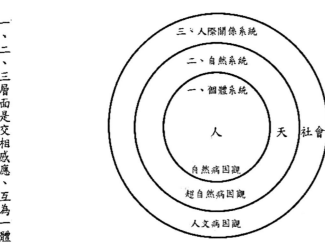

<<抱朴子·內篇>>的病因觀：從人、天、社會三層面宇宙和諧秩序被破壞，來說明疾病的源由。
對治方法：企圖從三層面疾病病因觀衝突中，建立人自身存有的和諧世界，才能內疾不生，外患不入。

圖三：傳統社會三層面的和諧均衡觀

　　筆者引用學者李亦園傳統社會的「三層面和諧均衡宇宙觀」，來架構葛洪《抱朴子·內篇》的「病因觀」，將「病因觀」分成三個層面來做探討：分別

〔註83〕 李亦園：《文化的圖像（下）——宗教與族群的文化觀察》（台北：允晨文化公司，1992 年），頁 68。

〔註84〕 黃麗莉：《人際和諧與衝突——本土化的理論與研究》（台北：桂冠圖書公司，1999 年），頁 12。

為自然的病因觀（和諧宇宙觀的個體系統）、超自然的病因觀（和諧宇宙觀的
自然系統）及人文的病因觀（和諧宇宙觀的人際關係系統）三部分來探討。
是將「人」的存在安置在自然與超自然的統一之中，成為宇宙的核心；人的
和諧就是自然與超自然的整體和諧，而人的疾病來自於自然、超自然以及社
會的衝突所形成的「外邪」。此種「病因觀」是將天、人、社會三者緊密結合，
從宇宙和諧秩序的破壞，來說明疾病的源由。

（四）道教醫學的體與用

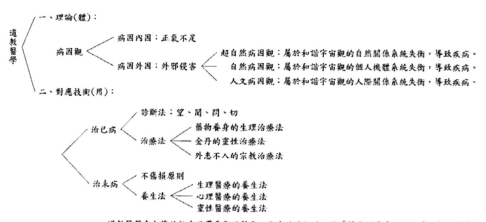

道教醫學來自傳統社會積累長期的神聖文化與治療經驗。將「神聖性需求」加入其信仰的教義
體系中，擴大了宗教醫療的文化內涵，強化了生命與神聖之間的涵養工夫，由此獲得治病療傷
的功效。

圖四〔註85〕：道教醫學的體與用

筆者依據學者鄭志明的觀點，繪製成圖四：道教醫學的理論與對應技術，
以此說明《抱朴子‧內篇》道教醫療體系的病因觀念（體）與診療、養生等
醫療行為（用）。醫療觀念是來自文化中深層的意識結構，是由長期生活智慧
所累積建構而成。醫療行為則是由觀念落實成型，行為的背後反映出傳統文
化整體的價值世界。學者鄭志明認為：

> 宗教與民俗醫療是民眾文化性的醫療體系，不同於當代西方的主流

〔註85〕此圖是筆者根據學者鄭志明在〈民俗醫療的病因觀〉、〈民俗醫療的診療法〉《宗
教與民俗醫療》及〈宗教與民俗醫療的養生法〉《宗教生死學》書中的觀點，
與本論文相結合所繪製而成並成為本論文中的章節架構，請參閱鄭志明：《宗
教與民俗醫療》（台北：大元書局，2004年），頁85～131。鄭志明：《宗教與
民俗醫療》（台北：文津出版社，2009年），頁337～364。

醫學，是建立在傳統社會的哲學、宗教與術數等基礎上發展而成，
是社會生活集體智慧與經驗的累積，有其自身獨特的詮釋理論與文
化模式。其主要內容有四：一、宗教與民俗醫療的病因說，二、宗
教與民俗醫療的診斷觀，三、宗教與民俗醫療的治療法，四、宗教
與民俗醫療的養生法。〔註86〕

道教醫療體系是屬於宗教醫療中的一部分，道教醫學來自傳統社會積累長期
的神聖文化與治療經驗，將「神聖性」需求加入其信仰的教義體系中，擴大
了宗教醫療的文化內涵，也強化了生命與神聖之間的涵養工夫，由此獲得治
病療傷的功效。

（五）病因觀

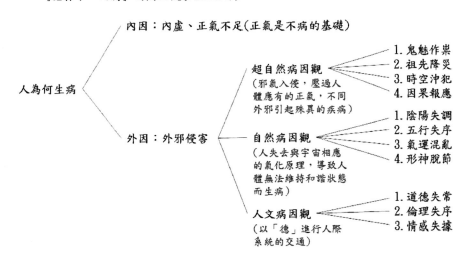

《抱朴子・內篇》的病因觀（文化詮釋）

圖五〔註87〕：《抱朴子・內篇》的病因觀

本論文第四章《抱朴子・內篇》的病因觀，即是以此圖為章節架構所展
開論述的。人為何會生病呢？可分為病因內因——正氣不足與病因外因——

〔註86〕鄭志明：〈民俗醫療的科學性與文化性〉《華人宗教的文化意識第二卷》（台北：
　　　　宗教文化研究中心，2003 年），頁 57～62。

〔註87〕此圖是筆者根據學者鄭志明〈民俗醫療的病因觀〉書中的觀點，與本論文相
　　　　結合所繪製而成，請參閱鄭志明：〈民俗醫療的病因觀〉《宗教與民俗醫療》（台
　　　　北：大元書局，2004 年），頁 85～102。

外邪侵害。邪氣是發病的不可或缺因素，當正不勝邪時，疾病就產生了。在病因外因方面，則又可依據三層面和諧均衡宇宙觀分成超自然病因觀、自然病因觀以及人文病因觀。超自然病因觀產生的原因由於邪氣入侵，壓過人體應有的正氣，不同外邪會引起殊異的疾病，又可分為鬼魅作祟、祖先降災、時空衝犯、因果報應。自然病因觀產生的原因由於人失去與宇宙相應的氣化原理，導致人體無法維持和諧狀態而生病，又可分為陰陽失調、五行失序、氣運混亂、形神脫節。人文病因觀主要是以「德」進行人際系統的交通，又可分為道德失常、倫理失序、情感失據。

（六）診療法

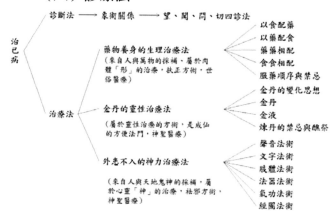

圖六〔註88〕：**《抱朴子‧內篇》的診療法**

第五章《抱朴子‧內篇》的診療法，即是以此圖為章節架構所展開論述的。主要是針對「治已病」，在診斷法上從象術理論，發展成望、聞、問、切四診法，應用來自「醫相同源」的相人術，象術理論對道教醫療的影響很大。在治療法上分成藥物養身的生理療法、金丹的靈性療法以及外患不入的方術療法。藥物養身的生理療法來自人與萬物的採補，屬於肉體、形的治療，是扶正方術、世俗醫療，又可分成以食配藥、以藥配食、藥藥相配、食食相配以及服藥順序與禁忌。金丹的靈性療法，屬於靈性治療的方術、成仙的方便

〔註88〕此圖是筆者根據學者鄭志明〈民俗醫療的診療法〉書中的觀點，與本論文相結合所繪製而成，請參閱鄭志明：〈民俗醫療的診療律〉《宗教與民俗醫療》（台北：大元書局，2004 年），頁 107～131。

法門、神聖醫療，又可分成金丹的變化思想、金丹、金液以及煉丹的禁忌與醮祭。外患不入的方術療法來自人與天地、鬼神的採補，屬於神的治療，是祛邪方術、神聖醫療，又可分成聲音法術、文字法術、肢體法術、法器法術、氣功法術以及經圖法術。

（七）養生法

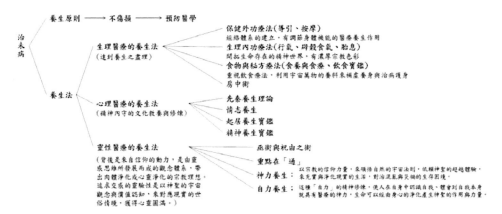

圖七〔註89〕：《抱朴子‧內篇》的養生法

　　第六章《抱朴子‧內篇》的養生法，即是以此圖為章節架構所展開論述的。主要是針對「治未病」，養生的原則是不傷損，發展成預防醫學。在養生法上分成生理醫療的養生法、心理醫療的養生法以及靈性醫療的養生法三部分。生理醫療的養生法是要達到養生之盡理，又可分成保健外功療法、生理內功療法、食物與秘方療法以及房中術。心理醫療的養生法是精神內守的文化教養與修煉，又可分成先秦養生理論、情志養生、起居養生寶鑑以及精神養生寶鑑。靈性醫療的養生法背後是來自信仰的動力，由原始社會靈感思維所發展而成的觀念體系，帶出肉體淨化或心靈淨化的宗教理想。追求交感的靈驗性，是以神聖的宇宙觀念與價值認知，來對應現實世俗情境，從而獲得心靈的圓滿。又可分成巫術與祝由之術、重點在「通」、神力養生以及自力養生。

〔註89〕　此圖是筆者根據學者鄭志明〈宗教與民俗醫療的養生法〉書中的觀點，與本論文相結合所繪製而成，請參閱鄭志明：《宗教與民俗醫療》（台北：文津出版社，2009 年），頁 337～364。

（八）道教醫療理論

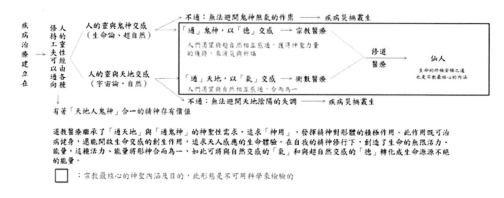

圖八〔註90〕：道教醫療理論

　　道教醫療理論認為人的生理、病理是對應著自然與超自然的法則。人的靈性經由各種修持工夫，可以通向「天地」，以「氣」來交感，發展出術數醫療；代表人們渴望與自然相互感通、合而為一。若是與自然的天地不通，則會無法避開天地陰陽的失調導致疾病災禍叢生。人的靈性也可以通向「鬼神」，以「德」來交感，發展出宗教醫療；代表人們渴望與超自然相互感通，獲得神聖力量的護持，來消災與祈福。若是與超自然的鬼神不通，則會無法避開鬼神煞氣的作祟導致疾病災禍叢生。所以疾病的治療，就是建立在各種靈性的修持工夫上，人有著「天地人鬼神」合一的精神存有價值，經由醫療與修道，則可以成為仙人。仙人代表生命的終極安頓之道，也是宗教最核心的神聖內涵及目的，此形態是不可以用科學來加以檢驗的。

　　道教醫療繼承了「通天地」與「通鬼神」的神聖性需求，特別重視追求「神用」，發揮精神對形體的積極作用。此作用既可以治病健身，還能開啟生命交感的創生作用，追求天人感應的生命體驗。在醫療與自我的精神修持下，創造了生命的無限活力、能量，這種活力、能量將形神合而為一，如此可將與自然交感的「氣」，以及與超自然交感的「德」轉化成生命源源不絕的能量。

〔註90〕此圖是筆者根據學者鄭志明〈巫醫同源的生命醫療觀〉書中的觀點，與本論文相結合所繪製而成，請參閱鄭志明：〈巫醫同源的生命醫療觀〉《宗教與民俗醫療》（台北：大元書局，2004年），頁139～161。

（九）道教醫學的定位

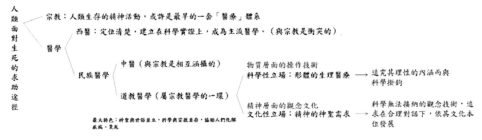

圖九〔註91〕：人類面對生死求助的途徑

　　現代社會對「醫療」一詞的認知過於狹隘，重視科學性質的生理治療，而忽略精神性質的文化治療；前者生理治療屬於技術性與物質性的身體層面，後者文化治療屬於精神性文化關懷的心靈層面。西方醫療由於可以經由科學的實證，成爲當代社會的主流醫學；但科技不是醫學知識與治療操作唯一的價值指標，還有各種民族都有其文化傳承下的醫療信仰與習俗，是與巫術、宗教緊密結合的民族醫療與宗教醫療，在自成系統的宇宙論下，對待人體的體質與精神等健康的維護與保養之道。

　　因此從醫療的角度，來重新看待「宗教」與「科學」的關係，是相當迫切的課題。二十一世紀的人們需要科學性的醫療體系，也需要宗教性的醫療體系；這二種醫療體系可以在文化上作精準的定位，了解雙方各自的屬性與作用。例如科學性的醫療體系，建立在科學實證上，由妥善的臨床實驗來確立其治療的功能與地位，屬於人們生命安頓的物質手段，由此達到滿足各種世俗性的生存需求。宗教性的醫療體系因爲「定位模糊」，經常處在與科學技術對立的異化情境上，以科學作爲唯一檢驗工具，而忽略宗教在精神層面上的文化現象。宗教性的醫療體系，屬於人們生命安頓的精神文化手段，由此

〔註91〕　此圖是筆者根據學者鄭志明在〈宗教醫療的社會性與時代性〉中的觀點，與本論文相結合所繪製而成，期望能讓道教醫學從「文化」上做精準定位，使得西方醫學與道教醫學都可以依其文化本位來發展，相輔相成。請參閱鄭志明：〈宗教醫療的社會性與時代性〉《宗教與民俗醫療》（台北：大元書局，2004年），頁 165～182。

開拓出各種神聖性的精神安頓。加強現代人的文化教養，使之認清物質文明
與精神文明有各自的價值與作用，如此才能「正本清源」，讓人類的文化各歸
本位，依其文化本位的發展來交流、對話，相輔相成。如此一來，不是宗教
加上醫療，而是醫療觀念的擴大，不單是生理的醫療，還包括心理層面的精
神醫療、靈性醫療，追求身、心、靈的整體和諧，這樣全人的醫療觀念，是
對生命的關懷與尊重。

第二章　《抱朴子‧內篇》與道教醫學

　　近來，有些研究中國古代思想史的學者提出，應加強兵、農、醫、藝四大「實用文化」的研究〔註1〕，這是一個有遠見的提議。但這種「實用文化」從概念上講，還可以再擴大，除兵、農、醫、藝，還應包括以天文曆算為中心的各種科學知識和迷信思想。大體上《漢書‧藝文志》的《諸子略》農家、《兵書略》、《數術略》、《方技略》四方面，反應的就是這種「實用文化」的基本範圍。

　　生死問題是道教和醫學所面臨的一個共同課題，日本學者吉元昭志認為：

> 許多人出於對生的渴望，而求助於醫學，出於對死的恐怖而信奉宗教。可見醫學與宗教的關係，就是這種「渴望」與「恐怖」的統一。
> 〔註2〕

就道教與醫學關係而言，長生不死的信仰，是道教義理的核心和道教徒追求的最高境界，道教的一切宗教活動都是圍繞修道成仙而展開的。道教醫學肇始於漢末，出於宗教信仰和不死的需要，不論是長生還是度人，都離不開醫術和方藥。促使道門中人自覺研習醫術，將方藥納入道法之中，以達到自救與救人的雙重目的，於是產生了宗教與醫學結合的道教醫學。道教以醫傳道，包括兩方面的內容，一方面是「以醫傳教」，另一方面是「借醫弘道」，這就必然促使道教與醫學發生交叉疊合，道教醫學正是在這一宗教與醫學相互交融的歷史過程中逐漸產生的。〔註3〕從歷史淵源來看，道教醫學的源頭來自原

〔註1〕李澤厚：《中國古代思想史論》，北京：人民出版社，1985年，頁304。

〔註2〕吉元昭志：《道教與長壽不老醫學》（四川：成都出版社，1992年），頁1。

〔註3〕蓋建民：《道教醫學》（北京：宗教文化出版社，2001年），頁12。

始宗教的巫術醫學，它的前身是秦漢時期的方士醫學。因此我們可以說道教醫學是由巫醫演化到方士醫，再由方士醫演化到道醫。

　　道教醫學主要奠基於巫術醫學，傳達了其「以醫傳教」與「借醫弘道」的宗教目的。道教是根據陰陽五行等氣化宇宙論發展而成的宗教，以「道」作為最高的信仰；追求生命的「長生不死」，與道和合就可以成仙，代表生命的無限突破。當肉體不能與道永存，則追求以「長壽的肉體」完成「靈性的不朽」。

　　中國傳統醫學的起源很早，有關醫藥創造的傳說很多，例如：伏羲制九針、神農嘗百草、黃帝創醫藥等，這些有關醫藥創制的傳說，雖然不能當成信史，但它可以是我們追溯人類醫藥知識起源的一個管道，從其中明瞭遠古時期先民醫療活動的軌跡。一般來說，中國傳統醫學的產生，是在遠古人類進行醫療活動的基礎上，經過長期經驗積累逐步形成的。從出土的殷墟甲骨文字記載來看，大約在西元前十三世紀的商代中葉，我國就有關於腹內寄生蟲病和蛀齒等一些病症的認識。

　　道醫共生，醫道一體是古代醫學發展過程中的一個突出現象，也是中華傳統文化特色的表現。道家窮性命之理、講修身之術，與醫家在本質上是完全一致的。《七略》中有「方技略」，包括醫經、經方、房中及神仙，可知當時醫家與神仙方術之士關係密切。道教醫學內容，幾乎涵蓋整個中醫的各門類與各方面，本草、方劑、針灸、按摩、導引、祝由等，都屬於道教醫學研究的對象，及治療的手段。它延續著陰陽五行的學說，以天地人三位一體觀思考著與宇宙相應的人體變化，發展出氣血津液理論與臟腑經絡學說等，經由修身悟道的養生操作實踐工夫，對人體生理、心理的奧祕作了不少深入探索，不僅積累了豐富去疾強身健體的方法，也安頓了人際間的倫常關係，達到醫療養生的和諧之道。

第一節　巫術醫學

　　在我國原始社會裏，由於醫藥水平低下，很多疾病不能醫治，很多病因無法解釋，所以最初的醫藥知識形態，在很長的時間裏，是和原始宗教形態——巫術結合在一起，以巫醫的面目和形式出現。在古代先民的原始思維中，深信宇宙自然和人事生活中普遍存在著人們看不見的種種聯繫和相互影響的

關係。因此古代先民認為只要借助某種儀式,採取相應的方法和手段,就可以隨心所欲地按照自己的意願,或者依循自己所期望的方向去制約乃至控制外界事物或他人,故產生了巫術和巫術行為。

一、何謂巫術

巫術,英文為 magic,中文也稱為「法術」或是「做法」。它是建立在某種信仰或信奉的基礎上,是人類為了有效地控制環境(外界世界),與想像的鬼靈世界所使用的手段。〔註4〕從巫術的方法來分析,可以分成祈求式、比擬式、接觸式、詛咒式、靈符式、禁忌式和占卜式。若是按照巫術所要控制的對象來分,可以分為兩類,一類是利用尊敬、屈服、討好等崇拜祭祀的手段,希望祖先或鬼神能保佑自己,降福免災,所要控制的對象為善神。另一類則是通過歧視、詛咒、鞭撻、驅趕等厭勝搜捕的手段,來驅邪護身,祈求除疾免靈,這主要是針對惡神所採取的手段。這些巫術手段、儀式,在漢代道教創立後,大都為道教尤其是符籙派所汲取,成為「道術」的一部分。道教中的祈禳、禁咒等儀式,是直接起源於原始宗教的巫術行為。

二、巫術與原始思維

人類最早的文化創造便是原始宗教,有學者認為:「人類最早的思想,是借助宗教的形式表達出來的。在原始文化中最早出現的就是原始宗教。……實際上,原始宗教與原始文化是不分彼此、渾然一體、相伴相依、共生共長的。」〔註5〕一切宗教思想的核心是神靈的存在,因此,原始巫術可以說是所有宗教的最初原始形態的起源。巫術和巫術行為,從宗教學的角度來說,它們是原始宗教的表現形式。巫術的產生,與人類早期的原始思維有著密切的關係。

何謂「原始思維」?〔註6〕簡單地說是人類最早的思維模式,包含了早期人類對生命及宇宙天地的看法,可以說是早期人類的一套認知觀念,而「自我意識」是原始思維下的一個重要概念。早期人類把石器當成工具,工具的

〔註4〕張紫晨:《中國巫術》(上海:三聯書局,1990年),頁37。

〔註5〕黃海德、張禹東主編:《宗教與文化》(北京:社會科學出版社,2005年),頁15。

〔註6〕原始思維,也稱前邏輯思維或類比思維。是人類思維的源頭,原始社會條件下的產物有著心與物互相滲透、天與人相互感應的特徵,與後來形式邏輯的推理規則或說理論證的思維是截然不同的。參見(法)列維布留爾著、丁由譯:《原始思維》,北京:商務印書館,民70年8月,頁438。

發明使人建立了主體性，[註7] 人利用工具去切割主客體，由此建立了人與自然的關係。在工具的製造中，人意識到自我的存在，有了把自我當成對象看待的心理能力，於是發展出人類豐富多姿的精神文明，例如：神話、哲學、宗教……等。

人在自建觀念的過程中，就形成了一套信仰，因此可知原始思維是原始宗教的認知形式，原始宗教是原始思維的信仰形式。所以原始宗教是來自原始思維所發展之信仰模式的生命觀念，學術界稱為「類人情欲觀」，[註8] 是原始社會很重要的一個觀念，也稱為「自然人化觀」。在早期人心中，生命是偉大的發現，人們把自己的生命投向大自然，認為大自然和人一樣，也是具有著生命；人有靈性，大自然也有靈性，人的生命離不開與大自然相應的生命，這種觀念就形成了「萬物有靈觀」。[註9] 它是將萬物初步擬人化或人格化，認為人格化的萬物是高於人而值得人去崇拜。即萬物都有生命或靈性，人有感情、行為、動作與認知，萬物也一樣有感情、行為、動作與認知；人與萬物是透過生命而混然一體的，這種觀念還是在主客不分、物我互滲的混沌時代。

早期人類發現生命是很單薄微小的，大自然的各種力量都會影響到人的存在，認為大自然的生命現象對人會產生二種情況：有害與有利。有害的惡靈比有利的善靈先存在，所謂的「惡靈」是指自然精怪或稱自然精靈，也包含人的亡靈，最先出現，是超自然力的初級形態之一；所謂的「善靈」是指各類自然神，是在自然精怪的基礎上形成的，它是超自然力的高級形態之一，形成的時間較晚。這時人們開始對靈性有了崇拜之情，便產生了自然崇拜。進而出現圖騰崇拜、靈物崇拜，以及鬼靈崇拜。

[註7] 人的主體性建立在對自我的理解與肯定上，即自我意識。這也是人與動物不同之處，人類的生命可以自我做主，不是依附在客體上。

[註8] 類人情欲觀：即類比人之情感欲望之觀念，用人的生命去看待大自然，認為大自然也是有生命。

[註9] 「萬物有靈觀」是原始宗教之典型。係英國人類學家泰勒（Edward B.Tylor, 1832～1917）的發明。在其名著《原始文化》一書中，他提出了有名的「萬物有靈論」。並且認定它為宗教的原型。他發現原始人根據睡眠、出神、疾惡、死亡、夢幻等生理心理現象的觀察，推論出與身體不同的靈推論出與身體不同的靈魂觀念，然後把靈魂觀念應用於萬物，產生了萬物有靈論，應用於死去的祖先，產生了祖先崇拜與純粹神靈觀念；應用於非生命的自然物，就產生自然神和自然崇拜。呂大吉主編：《宗教學通論》，台北市：遠博出版有限公司，民82年4月，頁444。

萬物有靈及靈魂神祇的觀念，導致了「巫」的產生，因為人類需要與神靈溝通，向神靈表達敬畏的感情，乞求的心願，更希望神靈能表現它們的意旨，為人類的行為作出指引，造福人類，於是人與神靈之間的使者，及神靈們的代言人——巫，變產生了。巫的種種與神交流和表示意願的活動與方式，便是巫術的出現。所以我們可以說：巫術是早期人類試圖控制自然和外界環境的一種嘗試和努力。這些便在中國人的思維中積澱下來，經過世代所累積的集體共感，成為人們深層的文化意識，同時也是中國信仰文化的一部份。由對它們的信仰，便引發出和它們打交道的各種方式：崇拜祭祀或厭勝搜捕，豐富了我們的生活與行為模式。

三、巫術與醫學

原始時期巫術文化滲透於生活的各方面，因為古代先民任何生活內容，均離不開巫術的指引，例如：人們的降生與死亡、疾病的治療、農業的祈雨、乃至政治的交往、軍事的戰爭等等，都離不開巫術。正如英國著名人類學家馬林諾夫斯基所說：

> 巫術屬於人類，不但是因為巫術為人類所有，而且因為的題材主要是人事的題材，如漁獵、園藝、貿易、調情、疾病、死亡之類，……嚴重的疾病，顛倒的愛情，舉行貿易的欲望，以及人類機體與心理其他類似的表現，都是咒與儀式的直接結果。〔註10〕

馬林諾夫斯基進行了大量人類學考察後得到一個結論，就是人們只有在知識不能完全控制環境及社會的時候，才有巫術。所以巫術最發達的領域，是來自人們對於健康的追求。巫醫是巫術活動的一個最主要的方面，這是因為古代先民的生存環境險惡，所以時常面對疾病和死亡的威脅。

疾病是古代先民最大的禍害和敵人，對於疾病產生的原因，又是古代先民最為困惑與難以理解的事情之一，從上述巫術產生的原理可以知道：「巫術所擔負的都是人的現實能力所不能及的事。越是力所不能及、越不能控制，便越產生出控制的要求，於是便借巫術來達到這個目的。」〔註11〕由於對生存和死亡的憂患意識，使得古代先民想方設法通過各種手段去控制和影響那

〔註10〕馬林諾夫斯基：《巫術、科學、宗教與神話》（北京：中國民間文藝出版社，1987年），頁53。

〔註11〕張紫晨：《中國巫術》（上海：三聯書局，1990年），頁53～54。

些讓他們蒙受疾病痛苦的「超自然力量」〔註12〕，從而去邪除鬼，驅除致病蠱毒，而能治癒疾病。這樣巫術和醫藥學就自然而然地結合在一起，形成人類醫學文化史上一個特有的醫、巫混雜不分的現象，即「巫術醫學階段」。

學術界關於中國醫藥學的起源，歷來存在著四種說法，分別為：「醫源於生產勞動」、「醫源於聖人」、「醫源於巫」、「醫源於動物本能」，可以確定的是人類醫藥活動的起源是很早的。因為人類自出生之日起，由於生存本能的需要，就開始了簡單的治病活動。例如：以各種形狀的砭石去治療身體的疼痛，懂得用草木去敷護傷口等等。雖然只是一些簡易的醫療經驗，還談不上有知識形態的「醫藥學」存在。

從人類學研究的成果來看，原始宗教是人類醫學知識最初的載體，它的具體表現形式就是巫醫。遠古的巫祝，掌管人們的疾病與健康，負責醫療的職務，因此，醫的重要淵源亦來自巫。學者陳邦賢在《中國醫學史》中說：

中國醫學的演進，始而巫，繼而巫和醫混合，再進而巫和醫分立。

以巫術治病，為世界各民族在文化低級時代的普遍現象。〔註13〕

這幾句話，扼要地說明了醫與巫的淵源與歷史演變的關係。西方人類學家弗雷澤（James Frazer）在其著作《金枝》中認為：

肯定沒有人比野蠻人的巫師具有更強烈追求真理的動機，……作為總體來看，當初出現由這類人組成的階層，確曾對人類產生過不可估量的好處。他們不僅是內外科醫生的直接前輩，也是自然科學各個分支的科學家和發明的直接前輩。正是他們開始了那以後時代由其後繼者們創造出如此輝煌而有益的工作。〔註14〕

弗雷澤深刻地指出了是因為生活的需要，迫使巫覡們去研究醫學和科學，而用之於以巫術治病等各方面，由此看來巫術活動中，在大量迷信外衣之下，也有不少科學的因素存在。學者陳邦賢及弗雷澤（James Frazer）等人獨具慧眼，對後世多遭非議的巫術及巫師在人類早期醫學發展史上的開源作用，作了中肯評價。

〔註12〕古代先民一般把人會生病的原因，歸屬先人作祟、鬼神致病和毒蠱作怪等三種。請參閱蓋建民：《道教醫學》（北京：宗教文化出版社，2001年），頁17。
〔註13〕陳邦賢：《中國醫學史》（上海：商務印書館，1947年），頁7。
〔註14〕弗雷澤著、汪培基譯：《金枝：巫術與宗教之研究》（台北：久大桂冠圖書公司，1991年），頁94～95。

四、巫醫的職司與貢獻

巫術與巫是緊密相聯的，巫術的實施，主要是由巫來進行。原始宗教起初並沒有專職的巫師，因為當時每個氏族中的成員，都可以成為巫術的具體實施者。後來隨著原始宗教的發展，以及宗教儀式的繁複化，此時產生須要由固定專人來實施宗教活動的需求，專職的巫和巫師便應運而生了。東漢許慎在《說文解字》中說：

> 巫，祝也。女能事無形，以舞降神者也，像人兩襃舞形，與工同意。
> 古者巫咸初作巫。凡巫之屬皆從巫。……能齋肅事神明者。在男曰
> 覡，在女曰巫。〔註15〕

因為巫是人與神靈世界的溝通者，能通靈，交通鬼神，上達民意，下傳神旨，具有神通廣大的能力。

我國古代的巫，主要分為官巫和民巫兩大系統。官巫的職掌有：驗測國運、預卜戰爭吉凶、司掌宮廷祭祀，記錄王言、編纂史冊等。民巫的職掌有：為民間祈禳、求福、驅邪避禍、預測農作物豐欠、醫療疾病等。而其中以各種巫術手段兼行藥物，來為人治病，是原始社會巫師的一種主要功能。因為巫師都受過一定的專門訓練，他們善於汲取和吸收民間關於辨別、採集藥物的知識和治療經驗，加以整理，使之完善、提高，並且能針對不同疾病，實施法術和藥物治療，所以古代巫術的操作實踐工夫，可以說是後來醫學實驗的最初萌芽，巫醫可以說是古代最早的醫生。

巫術醫學的貢獻是在中國傳統醫學的形成與發展過程中，它具有傳承和積累古代醫藥知識的作用。這從殷虛甲骨文卜辭中，得到充分的佐證。從卜辭記載的內容來看，殷商時期的巫醫已經懂得使用藥物，艾條來治病，但這只是一種輔助手段。學者貝爾納認為：

> 官方的醫學把植物藥材和礦物藥材編成條目，有關這些的知識，曾
> 由各原始文化時期的巫醫們和女巫們傳授下來。〔註16〕

我國古代早期的醫療經驗知識，是記載於殷虛甲骨文卜辭中，從卜辭記載的內容來看，與巫術醫學有著密切的關係。

殷商時期，原始宗教的鬼神信仰濃厚，殷人凡是生病，都要由巫師通過

〔註15〕 （漢）許慎撰、（清）段玉裁注：《說文解字注》（台北市：黎明文化事業股份有限公司，1974 年），頁 201～202。
〔註16〕 貝爾納：《歷史上的科學》（北京：科學出版社，1983 年），頁 69。

卜筮、祭祀，向天神和上帝請求指示和乞求福佑。所以小病用占筮，中病用龜卜，大病用御祭，根據病情的輕重緩急來選擇進行的方式。由於殷人把人會生病的原因，歸於先人作祟、鬼神致病和毒蟲作怪等三種，故巫師占卜的一個主要目的就是祈求禳解，另一個目的是爲了預卜疾病的治療措施、轉歸等。所以殷周時期的巫醫，不僅爲病人祭祀卜筮，也用藥和針爲人治病。

在我國古代文獻中，《山海經》有許多有關巫醫的記載〔註17〕。例如《山海經‧海內西經》和《山海經‧大荒西經》都提到：

> 開明東，有巫彭、巫抵、巫陽、巫履、巫凡、巫相，夾□窫之屍，
> 皆操不死之藥以距之。〔註18〕

> 有靈山，巫咸、巫即、巫盼、巫彭、巫姑、巫眞、巫禮、巫抵、巫
> 謝、巫羅十巫，從此升降，百藥爰在。〔註19〕

這裡記載十個巫師都在此山上下採藥，而其中最著名的巫醫就是巫彭、巫咸，以「不死之藥」救活了被殺死的神怪「□窫」。《周禮‧天官》中也說巫醫是：「聚毒藥以供醫事」，在古代醫籍中，也有提及對巫醫的記載，例如：

> 巫彭初作周醫官，謂人惟五穀五藥養其病，五聲五色視其生，觀之
> 以九竅之變，參之以五臟之動，遂用五毒攻之，以藥療之。〔註20〕

這段說明了古代醫藥學的發展，中國最初的藥學思想，認爲凡能治病的藥，都是有毒的，而疾病本身也大多因爲中毒而起，因此以毒攻毒的醫療思想起源甚早。

在我國歷史上，巫又與祝合稱爲「巫祝」。實際上巫與祝的職司是各不相同的，東漢許慎在《說文解字》中說：「祝，祭主贊詞者。……兌爲口，爲巫。」〔註21〕祝，著重在口，通過口中頌贊辭來進行巫術活動，職司主要是在祭祀儀典方面，故稱「祭主贊詞者」，故祝能以言辭悅神，專職奉行祈禱儀式，託

〔註17〕 學者袁柯認爲：「作爲巫書的《山海經》，其內容便是由古代巫師若干世紀的承傳附益積累、再由不同時期巫師群中的不同作者（可能還有才士文人參預其事），將它們筆之於書，這樣成就起來的。」請參閱袁柯：《中國神話通論》（四川：巴蜀書社，1991 年），頁 3。

〔註18〕 袁柯：《山海經校釋》（上海：古籍出版社，1985 年），頁 226。

〔註19〕 袁柯：《山海經校釋》，頁 270。

〔註20〕 《古今醫統》《古今圖書集成醫部全錄》第十二冊，（北京：人民衛生社，1991 年），頁 75～76。

〔註21〕 （漢）許慎撰、（清）段玉裁注：《說文解字注》（台北：黎明文化公司，1974 年），頁 6。

言能把人的願望申訴於鬼神。而巫最初專指以舞蹈動作來取媚神靈或降魔伏鬼，故巫能以歌舞降神，專職是託言能把神的意旨通過龜殼、著草卜筮傳遞給人。所以清人段玉裁在注《說文解字》時指出：「《周禮》祝與巫分職，二者雖相須為用，不得以祝釋巫。」〔註22〕後來祝的詞義又有新的引申，就是將巫師的咒詞也稱為「祝」。例如巫咸的「祝樹，樹枯；祝鳥，鳥墜」。

由上述說明我們可以知道：巫術醫學受到巫術思想的支配，巫醫治病，主要手段還是通過各種祭祀、祈禳、厭勝、禁咒等法術來祈求祖先的庇佑、鬼神的寬恕，遣神役鬼來驅除病蠱；輔助手段才是使用藥物治病。由巫師或巫醫所創作的一整套用巫術治病的法術，後世稱為「祝由術」或「咒禁術」。

中國醫藥起源甚早，在西元前三千年前的仰韶文化時期，就已懂得使用砭石，或稱為石鐮、砭鐮、石針，為近似鐮刀的器具，其尖銳之處可刺，鋒刃地方則可以用來切割。針灸按摩之術，實為最古老的醫術。早在原始時期，原始人對病痛之處自然地加以撫摸按壓，或使病痛減輕，這可以說是針灸按摩治病之起源。商代按摩已經為常見治病的方法。春秋戰國時期的方士醫家如扁鵲、文摯等，亦多用針灸、按摩來治病。

在《黃帝內經‧素問‧異法方宜論》中，精闢地論述了某種特殊的治療方法的產生，是與特殊地理環境下所產生疾病的特殊性所決定的。《黃帝內經》中詳細分析了東西南北中各地的疾病和治療方法，例如《黃帝內經‧素問‧異法方宜論》：「東方之域……魚鹽之地，海濱傍水……其病皆癰瘍，其治宜砭石。故砭石者，亦從東方來。」可以知道砭石用於切割癰瘍等治療外科疾病，是發源於東方。「西方者，金玉之域，砂石之處……其民陵居而多風，水土剛強……其病生於內，其治宜毒藥。故毒藥者，亦從西方來。」說明西方人多內傷之疾，主用服藥療法，因而服藥之法發源於西方。「北方者，……其地高陵居風寒冰冽，其民樂野處而乳食，藏寒生滿病，其治宜灸焫，故灸焫者，亦從北方來。」指出北方人多生內臟受寒之脹滿病，宜用艾火燒灸，而灸法源於北方。「南方者，天地所長養陽之所盛處也，其地下水土弱，霧露之所聚也。其民嗜酸而食胕，故其民皆緻理而赤色，其病攣痺，其治宜微鍼。故九鍼者亦從南方來。中央者，其地平以濕，天地所以生萬物也眾。其民食

〔註22〕（漢）許慎撰、（清）段玉裁注：《說文解字注》，頁201。

雜而不勞，故其病多痿厥寒熱，其治宜導引按蹻。故導引按蹻者，亦從中央出也。」《黃帝內經》指出了針術發源於南方，導引按蹻則出自中原，此種地理因素與疾病治療方法的關係，亦表明了道教醫學多以針法及導引按蹻治病的地理淵源。從地理文化因素看，道教醫學長於導引、按蹻及針術，並且將這些發揚光大，形成道教醫學的特色。

　　從上古醫療傳說記載來看，更早的巫醫治病是不用針石藥物，而是用祝由──即對天祝告，符咒治病。所謂「祝由」，明代醫家張介賓在《類經》中解釋：「祝，呪同。由，病所叢生也，故曰祝由。」〔註23〕從上述解釋可以知道，祝由是通過向神明敘說疾病產生的原因，以取得神明諒解、保佑，使病從而治癒。《黃帝內經‧素問‧移精變氣論》中就有提到上古之人運用「祝由」治病的說法：

> 黃帝問曰：余聞古之治病，惟其移精變氣，可祝由而已。今世治病，毒藥治其內，鍼石治其外，或癒或不癒，何也？岐伯對曰：往古人居禽獸之間，動作以避寒，陰居以避暑，內無眷慕之累，外無伸官之形，以恬憺之世，邪不能深入也。故毒藥不能治其內，鍼石不能治其外，故可移精祝由而已。〔註24〕

上述伯岐回答所描述的古人，指的是遠古與禽獸同居的野蠻時代，其邪不能深入，所以不須以藥物鍼石來治病。祝由治病帶有心理療法的醫學底蘊，即通過祝由說病由，來「移精變氣」。也就是「移謂移易，變謂改變。皆使邪不傷正，精神復強而內守也。」〔註25〕其中包含有心理治療機制，也就是「移易精神，變化藏心，導引營衛，歸之平調而已。」〔註26〕所以殷周時期的巫醫治病，內是用毒藥針石來攻治其內邪，外則是藉用祝由移精來攻其外邪以治病。從對病因的觀念傳承來說，醫與巫相似，主要偏重在交通鬼神，以求人體與宇宙的整體和諧，醫術和巫術長期以來就是共軌發展的。

　　巫醫治病的神異事例在古文獻中屢見不鮮，例如劉向在《說苑》中有一段對遠古巫醫生動的描繪：

> 上古之為醫者曰苗父。苗父之為醫也，以菅為席，以芻為狗，北面

〔註23〕《類經》卷十二《論治類》（北京：人民衛生出版社，1982年），頁352。
〔註24〕《黃帝內經素問校釋》（北京：人民衛生出版社，1982年），頁174。
〔註25〕王冰注：《素問注釋匯粹》上冊，（北京：人民衛生出版社，1982年），頁188。
〔註26〕王冰注：《素問注釋匯粹》上冊，頁188。

而祝，發十言耳，諸扶而來者，輿而來者，皆平復如故。〔註27〕

苗父被認爲是祝由術的始作俑者，他讓病人躺在菅草席上，用稻草紮成芻狗，面向北方祝說了十句咒語，病人立刻恢復健康。據《史記・扁鵲倉公列傳》記載：

> 上古之時，醫有俞跗，治病不以湯液醴酒，鑱石蹻引，案扤毒熨，
> 一見病之應，因五藏之輸，乃割皮解肌，訣脈結筋，搦髓腦，揲荒
> 爪幕，湔浣腸胃，漱滌五藏，煉精易形。〔註28〕

俞跗也是上古著明的巫醫，相傳是黃帝的臣子，據《韓詩外傳》載，俞跗爲醫可使「死者復生」，實爲牽強附會之說。但是從上述說明可知他治病多採用外科手術，除體表切割手術之外，尚可做腹部手術。

採藥與施藥者，多爲巫或是同時具有巫醫身分的人；具有雙重身分的巫醫，既能以巫術來驅邪治病，也能以醫藥來消災解病，逐步發展出來的物理治療手段，從按摩導引到灸熨針砭，除了重視自身肉體的保健之外，也期待能藉由疏通血氣，以維持穩定的身心狀態，其原本目的是爲了通神明與參天地，轉而成爲人們自救保健的相關技術，從指壓按摩到砭石、針灸等替代物，理解到自身氣血運行的道理，進而發現了經絡與穴位，學會了在徑路上重複地按壓與灸灼。〔註29〕

巫術醫療是一種神祕而獨特的精神療法，是建立在精神性的觀念信仰上，有其自成系統的宇宙觀、靈魂觀與生命觀。不單是外在的具體行爲與手段，其中有著豐富的觀念系統與思想體系；學者林河主張巫文化是中華文明重要的基因庫，〔註30〕他認爲巫文化是人類數十萬年所創造的文化總合，尤其在觀念與思想上有著一脈相承的連續性，古老的宇宙觀是早期人們對宇宙認知的總概括，其深層的思維模式影響到後代天人合一的哲學發展。醫、道同源，不僅表現在原始巫術文化之中，更充分體現在先秦時期醫與道以共同的哲學觀念爲指導思想。漢代道教創興之後，古代巫術中的許多法術就爲道教所吸收，巫術治病之術，成爲道教龐雜的道術體系中的一個重要組成部分。

〔註27〕《古今醫統》《古今圖書集成醫部全錄》第十二冊，（北京：人民衛生社，1991年），頁74。

〔註28〕（漢）司馬遷：《史記》卷一百五（北京：中華書局，標點本第九冊），頁2788。

〔註29〕馬伯英：《中國醫學文化史》（上海：上海人民出版社，1994年），頁192。

〔註30〕林河：《中國文明基因初探──中國巫儺史》（廣東廣州：花城出版社，2001年），頁20。

所以道教醫學的符咒治病術與巫術醫學存在淵源關係，其巫醫色彩相當濃厚，可以視爲原始巫術醫學在道教中的繼續和發展，在道教醫學中可以清楚看到中國連續型文明的意義。

第二節　方士醫學

巫術醫學是中國傳統醫學和道教醫學的最初源頭，秦漢時期在方仙道、黃老道氛圍下所出現的方士醫學，則是道教醫學產生的前身。從先秦到漢初的醫術，稱爲「方技」或是「方士醫學」。方士可說是宗教化的巫，追求長生不死的神仙信仰，因而發展出各種求仙成仙的方術，有不少方士身兼醫者，故稱爲方士醫。

一、方仙道的由來

有關「方仙道」一詞，第一次出現於司馬遷的《史記‧封禪書》中：

自齊威、宣之時，騶子之徒論著終始五德之運。及秦帝而齊人奏之，故始皇采用之。而宋毋忌、正伯僑、充尚、羨門子高最後皆燕人，爲方仙道，形解銷化，依於鬼神之事。騶衍以陰陽主運顯於諸侯，而燕齊海上之方士傳其術不能通，然則怪迂阿諛苟合之徒自此興，不可勝數也。〔註31〕

從這段史料中可以知道方仙道的來歷與代表人物，同時也是史料中第一次出現「方仙道」一詞。從方仙道善於「形解銷化，依於鬼神之事」來看，可以知道方仙道與古代原始宗教巫術關係密切，一般學者認爲方仙道承襲了古代原始宗教的巫術。何謂「方仙道」？所謂「方」指的是不死的藥方，所謂「仙」指的是不死神仙；以長生不死、得道成仙爲其主要宗旨，修習各種方術的方士集團。是戰國時，燕齊一帶的方士將神仙學說、方技、術數與騶衍的陰陽五行說融爲一體，而形成了方仙道，並且盛行於世，成熟於秦漢時期。所以我們若是從方仙道的性質來分析，它與原始的巫術醫學有著一定的關係。

二、方士醫學的發展

春秋時期巫、醫並行，之後隨著巫的社會地位不斷下降，戰國時期醫藥學漸漸從巫術中獨立出來，醫以方士的身份治病，而把巫排斥到民間，從而

〔註31〕（漢）司馬遷：《史記》卷二十八，頁 1368～1369。

演化發展出方士醫學。扁鵲將「信巫不信醫」列爲「六不治」之一，便可當是巫、醫分家的明證。戰國時期的各種治病療法如按摩、導引、行氣、針灸等療法以趨向成熟。中國傳統醫學是在秦漢時期建立了體系，它的前身是巫術醫學。春秋末期秦國醫和，《左傳‧昭公元年》醫和爲晉侯治病，提到：

> 天有六氣，降生五味，發爲五色，徵爲五聲，淫生六疾。六氣曰陰、陽、風、雨、晦、明也。分爲四時，序爲五節，過則爲菑。陰淫寒疾，陽淫熱疾，風淫末疾，雨淫腹疾，晦淫惑疾，明淫心疾。〔註32〕

此爲醫和之言，「六氣」是指陰、陽、風、雨、晦、明六種大自然現象，六氣不調即感生六種疾病，強調之六氣顯然爲外在天象之變化，而過則爲菑，會影響人體生理的變化，這就是著名的六氣致病學說，被後世稱爲病因理論的始祖。醫和對病因的解釋已經突破了巫術醫學中鬼神致病的病因觀。戰國時期的扁鵲也提出他的「六不治」：

> 故病有六不治：驕恣不論於理，一不治也；輕身重財，二不治也；衣食不能適，三不治也；陰陽並，藏氣不定，四不治也；形羸不能服藥，五不治也；信巫不信醫，六不治也。有此一者，則重難治也。〔註33〕

扁鵲明確把「信巫不信醫」列爲「六不治」之一，這說明了隨著醫療經驗的積累、醫學思想的進步，中國傳統醫學的發展已慢慢脫離巫術而獨立起來，進入一個新的時期。

但是巫術和巫術醫學並沒有消失，巫醫的勢力仍然漸長，主要是通過方士之術的方仙道，繼續對中國傳統醫學發揮著影響。伴隨著方士之術的方仙道，而產生的方士醫學，它的出現是秦漢時期醫學發展的一大特點。神仙方士又從尋找仙藥到人工煉製金丹黃白，開創了中國的化學製藥學及服食養生學，而方士們倡導的陰陽五行學說和天人感應理論，奠定了中國傳統醫學的理論基礎。隨著《黃帝內經》、《神農本草經》、《傷寒雜病論》、《脈經》、《針經》、《靈樞》、《黃帝甲乙經》等著名醫藥學著作的問世，和著名醫家的出現，例如扁鵲、淳于意、華陀、張仲景、王叔和、皇甫謐等醫家的出現，中國傳統醫學的理論體系基本形成。

方仙道與方士醫學的出現絕非偶然，有其邏輯和歷史上的必然性，來自「不死」觀念和長生信仰推動的結果。長生信仰由來已久，隨著醫藥學的進

〔註32〕 楊伯峻：《春秋左傳注》（高雄市：復文出版社，1991年9月，再版），頁498。
〔註33〕 （漢）司馬遷：《史記》卷一百五（北京：中華書局，標點本第九冊），頁2788。

步，最晚在春秋戰國時代，人們便已經有了「長生」與「不死」的觀念。因為在先民的認知中，認為既然服用藥物，可以治病，使人不生病；進一步從經驗知識的基礎上，經過邏輯推理，就得出了服藥可以延年，甚至是長生不死。此時出現了許多關於長生的神話傳說，這種「長生說」把長生的願望寄託在仙藥和神仙的身上，希望能通過服食仙藥而成為逍遙自在、長生不死的神仙。在《山海經》中，我們可以看到有關「不死之國」、「不死之藥」、「不死樹」、「不死民」的生動描寫。這種對仙境的嚮往和憧憬，在戰國時期蔚為風潮，出現了許多以求仙、成仙為目的的各種方術，繼而形成了以求仙成仙為目標，修習各種方術的方士集團，即稱為「方仙道」。

戰國、秦漢時期盛行的方士醫學，在中國傳統醫學史上占有一定的歷史地位，方士醫學對中國傳統醫學的發展曾經做出過積極的貢獻。學者蓋建民就載入《古今圖書集成》之《醫部‧醫術名流列傳》中去分析，當時著名的方士醫家有鳳綱、沈義、安期生、崔文子、李少君、安丘望之、韓康、葛越、王遙、華陀等。方士醫學對中國傳統醫學的貢獻主要有兩個方面：一是方士的修仙方術對中國傳統醫藥養生學的貢獻，二是方士醫學對於本草學和製藥學領域的貢獻。

三、方士醫學的範疇

方仙道的方士受神仙信仰的影響，以長生成仙為務，所以也非常重視醫學，方士兼醫是方仙道的一大特徵，方士出身的醫家稱為方士醫。秦漢時期的醫學可分為官醫、一般民醫和方士醫，當時視醫術為方技，當時行醫的方士把治病的驗方收集成書，稱為「方書」，學醫稱「為方」，治病有效稱為「善為方」。而方士醫學是秦漢醫學發展中的一支不可忽視的力量組成部分，它與中國傳統醫學相互融攝，產生形成了「醫道同於仙道」的觀念。明代醫家龔廷賢曾說：「醫道古稱仙道也，原為活人。今世之醫，多不知此義。」漢代把醫、神仙等稱為「方技」，劉向父子在整理古籍的目錄《七略》中有「方技略」，內容包括四種，有：醫經、經方、房中、神仙。《漢書‧藝文志‧方技略》中記載醫經七家，二百一十六卷；經方十一家，二百七十四卷；房中八家，一百八十六卷；神仙十家，二百零五卷。醫家傳記都列在方技傳，反映了當時的醫藥學概貌，由此看來當時的醫家與神仙方術之士關係密切，所形成方士醫學是秦漢醫學發展中，不可忽視的一個組成部分，這個特點從馬王堆出土的醫書內容，也可以得到充分反應。

1973 年在馬王堆三號漢墓中出土了大批的帛書和部分竹簡、木簽，經帛書整理小組整理後，發現其中有醫學養生著作十四種，這些是中國現存最早的醫學養生著作，也是極爲珍貴的古代醫學養生文獻。其中有相當一部分屬於方士醫學的範疇。馬王堆出土的醫書共有十四種，其中帛醫書有十種，分別爲：《足臂十一脈灸經》、《陰陽十一脈灸經》甲乙本〔註 34〕、《脈法》、《陰陽脈死候》、《五十二病方》、《卻穀食氣》、《導引圖》、《養生方》、《雜療方》、《胎產書》。另外出土的竹木簡二百支，全部都是醫書。有四種，分別爲：《十問》、《合陰陽》、《雜禁方》、《天下至道談》。學者李學勤認爲：

> 它們均是劉向父子、班固等所不及見的佚籍，在《漢書‧藝文志》之外，但如果按照《藝文志》的方法分類，皆應列於《方技略》。譬如《足臂十一脈灸經》、《陰陽十一脈灸經》甲乙本、《脈法》、《陰陽脈死候》，與《黃帝內經》有淵源關係，宜入《方技略》的醫經家。《五十二病方》應入經方家；《胎產書》近似《漢志》所收《婦人嬰兒方》，《雜禁方》雖系巫術，然爲古方書恆有，亦宜入經方家。《十問》、《合陰陽》、《天下至道談》應入房中家；《養生方》、《雜療方》的大部分內容也屬此類，其餘部分則屬於神仙家。至於《卻穀食氣》，便純爲神仙家了。〔註 35〕

學者李學勤依據《漢書‧藝文志‧方技略》的分類標準，將馬王堆三號漢墓中出土的醫書性質，做了大概的判定，這對我們研究馬王堆出土的醫書，與秦漢時期方士醫學的關係有很大的啓迪。因此筆者再將學者李學勤的判定整理成表 2－1 馬王堆出土的醫書分類：

表 2－1：馬王堆出土的醫書分類

《方技略》的分類	馬王堆出土的醫書
醫經	《足臂十一脈灸經》、《陰陽十一脈灸經》甲乙本、《脈法》、《陰陽脈死候》

〔註 34〕 有學者認爲馬王堆出土的帛醫書有十五種，但是《陰陽十一脈灸經》甲本和乙本文字基本相同，實爲一種，馬王堆三號漢墓有確切下葬的年代，爲漢文帝十二年（西元前 168 年）。其中出土的都是後世已經失散的古醫籍，就連《漢書‧藝文志》也未能著錄，這在很大程度上填補了我國早期醫學史的一段空白。請參閱蓋建民：《道教醫學》（北京：宗教文化出版社，2001 年），頁 28。

〔註 35〕 魏啓鵬、胡翔驊：《馬王堆漢墓醫書校釋‧李學勤序》（四川：成都出版社，1992 年），頁 2。

經方〔註36〕	《五十二病方》、《胎產書》、《雜禁方》
房　中	《十問》、《合陰陽》、《天下至道談》
神　仙	《卻穀食氣》、《導引圖》、《養生方》、《雜療方》

　　從上述表格的分類，可以讓我們清楚：「《方技略》四家在馬王堆簡帛書
裏都已存在，這說明簡帛醫書內容的廣泛，也反映出當時的方技各家的發展
流傳情形」〔註37〕。除了醫經中的四本書《足臂十一脈灸經》、《陰陽十一脈
灸經》甲乙本、《脈法》、《陰陽脈死候》與秦漢時期的方士醫學關係，尚需要
進一步研究之外〔註38〕，其餘的十種帛簡醫書，分屬於經方、房中、神仙類，
都與方士醫學關係密切，很多內容即屬於方士醫學的範疇，反應出當時醫家
與神仙方術之士的關係密切，正是方士醫學與中國傳統醫學互相融通的結果。

四、方士醫學的內涵

　　春秋戰國至秦漢時期，我國養生術已經有明顯的發展，出土文物「行氣
玉佩銘」〔註39〕和「導引圖」說明這一時期人們對行氣、導引的養生方法，
已經有足夠的認識，並付諸於實際運用。秦漢時期的方士醫學與中國傳統醫
學的關係及貢獻，主要表現在方士們所創制、修習的各種神仙方術之中。學
者蒙文通認為：「方仙道的方術種類，是古之仙道，大別為三，行氣、藥餌、
寶精，三者而已也。」〔註40〕方仙道的方術，大致分為行氣、藥餌與寶精這
三大派別。楚為行氣，稱王喬、赤松；秦為房中，稱容成、彭祖；燕齊為服

〔註36〕屬於經方中的《五十二病方》、《胎產書》、《雜禁方》，雖是方士醫學，也包含
　　　有巫術醫學的內容。《雜禁方》就是典型的巫術禁咒方，《胎產書》的內容也
　　　帶有濃郁的巫術色彩，《五十二病方》中有不少的祝由方，這說明巫術醫學對
　　　秦漢期的方士醫學仍有較大的影響。
〔註37〕魏啓鵬、胡翔驊：《馬王堆漢墓醫書校釋‧李學勤序》，頁2。
〔註38〕《足臂十一脈灸經》、《陰陽十一脈灸經》甲乙本等，是屬於古代經絡文獻的
　　　研究，經絡學說的形成可能在春秋戰國時代。關於經絡的發現和形成，近來
　　　醫學界有一種觀點認為：它來自古代的養生功，與古人的吐納、導引、服氣
　　　之術密切相關。請參閱程士德主編：《內經》（北京：人民衛生出版社，1987
　　　年），頁21。
〔註39〕《行氣玉佩銘》為戰國初年製作，共四十五字。學者郭沫若譯為：「行氣深則
　　　蓄，蓄則伸，伸則下，下則定，定則固，固則萌，萌則長，長則退，退則天，
　　　天幾舂，在上，地之舂，在下，順則生，逆則死。」請參閱郭沫若：《奴隸制
　　　時代》（北京：人民出版社，1973年），頁262。
〔註40〕蒙文通：《古學甄微》（四川：巴蜀書社，1987年），頁337。

食，稱羨門、安期。所以古代的養生術也由此劃分爲導引行氣、服食煉養以及房中養生這三大不同的流派。下面茲就這三大不同的流派來分別說明。

（一）導引行氣

導引一詞也作道引，是一種以主動的肢體運動爲主，並且配合吐納服氣（也稱行氣），或是自我推拿（也稱按蹻或按摩）而進行的一種強身健體、防治疾病的方法。是鍛煉形體的一種養生術，與現代的柔軟體操相近似，屬氣功中之動功。道教根據古人所謂「流水不腐，戶樞不蠹」的道理，認爲人體也應適當運動，通過運動，可以幫助消化，通利關節，促進血液循環，達到祛病延年的目的。導引行氣這一派的方術，在方仙道的方術中最爲古老，是我國古代重要的養生方法，也是道家修煉的重要方式之一。對導引的性質和作用最早在《莊子‧刻意》中有相關的描述：「吹呴呼吸，吐故納新，熊經鳥申，爲壽而已矣。此道引之士，養形之人，彭祖壽考者之所好也。」〔註41〕這裡不僅表明導引的主要內容是「導氣令和、引體令柔」，還說明在先秦時期已出現專事導引的術士和致力養形的習練者，神仙家將它和行氣術相結合進行養生，出現了像彭祖那樣長壽的人物。所以早在先秦時期，導引便是神仙方士追求長生的一種修煉方法，同時導引也是一種無病健身、有病治病的醫療方法。

導引術最初很可能是從古代先民的舞蹈動作演化而來，並且與先民治病的醫療實踐活動密切相關。《呂氏春秋‧古樂》記載：

> 昔陶唐氏之始，陰多滯伏而湛積，水道壅塞，不行其原，民氣鬱閼
> 而滯者，筋骨瑟縮不達，故作爲舞以宣導之。〔註42〕

古代先民發現對於像風濕腫痛之類的疾患，可以藉「舞」而「導」、「引」之，除去「滯著」、「鬱悶」，而獲得康復。

《黃帝內經》在理論上繼承先秦道家論述養生之後，從醫學保健的角度，借《周易》的陰陽理論和道家清靜無爲思想，來闡述醫療養生的根本原則和方法。《黃帝內經》被視爲中國醫學的代表作，也是上古巫術醫療的集大成，偏重在通天地、事鬼神的宗教目的，強身保健是儀式活動下派生的副產品。《黃帝內經》一方面代表醫術與巫術的分流，醫術可以獨立出來自成完整系統，總結已有的醫藥知識與臨床經驗，配合傳統人體與自然相感應的宇宙觀念，

〔註41〕 郭象註：《莊子》（台北市：藝文印書館），1968 年 2 月再版，頁 75。
〔註42〕 （秦）呂不韋：《呂氏春秋》（貴州：人民出版社，1997 年），頁 86。

以完善的陰陽五行等氣化理論，建構出龐大的醫學體系。〔註43〕另一方面擴充了巫術醫療的觀念體系，增強巫術醫療的生理與病理的理論，提高其說服力與有效性，讓人們相信人體與天地鬼神的內在聯繫關係，對後來道教醫學體系的建構與完成，影響深遠。基本上還是延續著巫術醫療的文化理論而來，是信仰觀念的具體實踐，傳達了人與天地鬼神相結合的神聖目的。

《黃帝內經》中有對導引的醫療作用總結，《黃帝內經‧素問‧異法方宜論》云：「其病多痿厥寒熱，其治宜導引按蹻」。由此可知早期方仙道所盛行的導引術與先民醫療實踐活動密切相關。導引術事實上是一種醫療手段，這從馬王堆出土的帛醫書《導引圖》〔註44〕中得到充分的證明。值得注意的是圖中有明確標示導引可以防治耳聾、痹症等疾病。根據《導引圖》的圖注內容，可以知道這是一套防病健身的醫療體育方法，能治療多種疾病，是世界上最早的醫療保健體操圖。在《導引圖》中，還有許多模仿動物運動的導引術式，如熊經、鳥伸正是淵源於《莊子‧刻意》所描述的導引行氣術。還有龍登、獼猴喧呼、猄呼、鷂背，東漢方士醫家華陀的「五禽戲」〔註45〕即是在此基礎上發展出來的。

東漢末道教形成之後，即全面承繼先秦以來方士醫學中的導引術，所以導引被納入道教煉養方術體系之中，並且成為道教醫學防病養生的重要手段。在《抱朴子‧內篇》中葛洪也十分重視導引的作用。

（二）卻穀食氣

方士進行導引氣時，常常要以辟穀為前提。辟穀也寫作「避穀」，或稱為卻穀、絕穀、絕粒、休糧；是避食五穀之意。食氣，則是以氣為食，不再食

〔註43〕 薛公忱：《中醫文化研究第一卷中醫文化溯源》（南京：南京出版社，1993年），頁136。

〔註44〕 《導引圖》中共有四十四幅人物圖像，分為四排，每一排十一人，有的圖有注釋，有的則沒有。圖中的人物，有的全身著衣，有的則裸出背部，有老年、有中年、有男性、有女性，其動作大致分為呼吸運動、四肢及軀幹運動、持械運動等。

〔註45〕 五禽戲是華陀模仿五種禽獸——虎、鹿、熊、猿、鳥的自然動作所創立的導引功法。《後漢書‧方術傳》記載，華陀對其弟子吳普云：「人體欲得勞動，但不當使極耳，動搖則穀氣得消，血脈流通，病不得生。譬如戶樞，終不朽也。是以古之仙者必為導引之事，熊經鴟顧，引挽腰體，動諸關節，以求難老。吾有一術，名之五禽之戲，一曰虎、二曰鹿、三曰熊、四曰猿、五曰鳥，亦足以除疾，並利蹄足，以當導引。體中不快，起作一禽之戲，沾濡汗出，因上著粉，身體輕便，腹中欲食。」

用人間的五穀，進而吸食天地日月的精氣。辟穀思想也源於方仙道的神仙方士，早在戰國《莊子‧逍遙遊》中就有描寫能行辟穀之術的神人：

> 藐姑射之山，有神人居焉；肌膚若冰雪，淖約若處子，不食五穀，
>
> 吸風飲露，乘風氣，御飛龍，而游乎四海之外。〔註46〕

這段記載了有關仙人、仙境等傳說的文字，在藐姑射山神人是「不食五穀，吸風飲露」，吸風飲露即「食氣」，不食五穀即「辟穀」。《呂氏春秋‧必己篇》：「單豹好術，離俗棄塵，不食五穀。」注曰：「不食穀實，行氣道引也。」秦漢時期，在方士之中就已經流行不食五穀的長生術，出現了一群辟穀之士。《史記‧留侯世家》：「留侯性多病。即道引不食穀。」又：「乃學辟穀，道引輕身。」《素問‧六節藏象論》認為：「天食人以五氣，地食人以五味。」五氣與五味並舉，可見古人把「氣」當成一種糧食。馬王堆出土的醫書分類中，屬於神仙家的就有一種專論辟穀之術——《卻穀食氣》，通篇論述了根據天地四時的自然運行，隨月逐日服食天地之清氣，又稱為「六氣」（即朝霞、淪陰、沆瀣、正陽、天玄、地黃之氣），來達到辟穀目的，以便身強體健、延年益壽。方士行辟穀之術時，並不是什麼都不吃，《卻穀食氣》篇首云：「去穀者食石韋」，石韋又名石皮、飛刀劍、金湯匙、單葉草。《神農本草經》列為中品草木藥，云：「石韋，味苦平，主勞熱邪氣。五癃閉不通，利小便水道。」〔註47〕由此觀之方士在辟穀服氣的過程中，除了要飲水之外，還會服食一些草木藥，以去除其體積滯、沉疴，能通利臟腑、益氣及富有高蛋白質、高油脂的草木藥，這樣辟穀服氣才能達到較好的養生效果。例如：朮、茯苓、胡麻、黃精、枸杞、大棗、核桃、栗子、花生等之類的草木藥。方士服食石韋就是來自這種心理，能達到「止煩，下氣，通膀胱滿，補五勞，安五臟，去惡風，益精氣」的目的。

　　秦漢時期為什麼辟穀食氣術會在方士中廣為流行呢？學者蓋建民認為原因有二點，一是與當時社會醫藥學的進步，特別是人們的飲食結構和飲食思想的變革有關係。先秦時期，社會上的貴族階級多喜歡食用濃甘肥厚的肉類食物，並且縱酒以為樂。這種飲食結構攝取過多的高脂肪，造成人身體健康上的損害。當時方士們受道家返璞歸真思想的影響，已經意識到這種「肥肉厚酒」飲食的弊端，所以稱它為「爛腸之食」，所以在飲食上返璞歸真，多喜食天

<hr>

〔註46〕 （先秦）莊周著、（清）郭慶藩編：《莊子集釋》第一冊（台北：中華書局，1961年），頁28。

〔註47〕 （魏）吳普等述、（清）孫星衍、孫馮翼同輯：《神農本草經》卷一（台北：中華書局，1994年3月），頁75。

然植物性食品。

　　二是方士們認爲吃什麼食物還會直接關係到人的生理、心理差異。《淮南子‧地形篇》記載說：

> 食水者善游能寒，食土者無心而慧，食木者多力而拂，
>
> 食草者善走而愚，食葉者有絲而蛾，食肉者勇敢而悍，
>
> 食氣者神明而壽，食穀者知慧而夭。不食者不死而神。〔註48〕

方士們認爲「食穀者知慧而夭」不能長生，是因爲人吃了五穀雜糧，腸中積成糞便，穢濁充塞體內的緣故；相反的「食氣者」卻能做到「神明而壽」。所以推論出想要延年長壽，就必須「却穀食氣」，修煉辟穀之術，這樣才有機會達到「不食者不死而神」的境地。在這種觀念推動下，逐漸演生出「食氣者神明而壽」的看法，啓發人們可以透過呼吸吐納的鍛鍊，來與天地自然合而爲一，獲取來自大自然生生不息的能量，來改善自我的生命狀態，袪除病患、延年長生。食氣又稱爲「服氣」，是人與大自然萬物進行能量信息交流轉換的過程，也是有效開發人體潛能的重要手段。

　　方士們所倡導的辟穀食氣之術，是有一定的醫學生理依據的。經過現代科學家的研究，他們認爲從理論上來說，降低食物的攝取量，可以減緩生命的成長和老化過程；吃得少，體內自由基就產生的少，自由基是導致人體日益老化的重要原因。從上述可以知道，控制飲食是人類減少百病叢生、通向長壽的一個重要的法則。所以方士的修煉方術中，是包含有醫學養生的合理內涵，故能稱之爲方士醫學的緣故。東漢末道教創立後，把辟穀術納入其修仙方術之中，是成仙模式的內修法之一，並從宗教神秘主義的角度加以重新的闡釋。這部分將於第六章第四節中再詳細論述。

（三）房中養生

　　房中術又名房術、房中、房內、房室養生、黃赤之術或男女合氣之術，是有關性的養生術，也是中國古代道教的一種修行方式，它的目的是希望以男女間的性行爲，作爲達到延年益壽，最終得以成仙的手段。在古人流傳的這些性技術中，包含許多性生理和性醫學知識；中醫學亦吸收了其部份的內容，成爲保健、胎教及優生的指導原則。

　　學者胡孚琛認爲房中術是由殷周的巫史之學演化而來，最早可以追溯到

〔註48〕劉文典：《淮南鴻列集解》卷四《墮形訓》（台北：中華書局，1989 年），頁
　　　　142～143。

先民的生殖崇拜。最初的房中術是一種通神療病的巫術，是由巫參加的神秘的原始宗教儀式，漢代巫鬼道中流行房中術當是遺風〔註49〕。從歷史文獻來看，房中術始於戰國時代，與先秦的神仙家、秦漢之際的方仙道關係密切。房中術在漢代頗為流行，兩漢時期已經初步形成比較系統的房中養生理論和方法。漢代劉向父子在整理古籍的目錄《七略》中有「方技略」，內容包括四種，有：醫經、經方、房中、神仙。「房中」一詞，最早見於班固的《漢書‧藝文志‧方技略》，列舉《容成陰道》二十六卷，《務成子陰道》三十六卷，《堯舜陰道》二十三卷，《湯盤庚陰道》二十卷，《天老雜陰道》二十五卷，《三家內房有子方》十七卷，《天一陰道》二十四卷，《黃帝三王養陰方》二十卷等房中八家，著錄「房中」的著作共有一百八十六篇，並說：

> 房中者，性情之極，至道之際，是以聖王制外樂以禁內情，而為之
> 節文。傳曰：「先帝之作樂，所以節百事也。」樂而有節，則和平壽
> 考。及迷者弗顧，以生疾而隕性命。〔註50〕

從上述說明可以知道，古代房中術的要旨是節情欲而求壽考，男女結合雖是性情之極至，但關鍵在於「樂而有節」。這樣才能使人的氣血和平，延年益壽，以達到養生的目的。若不知道節制而縱欲，會造成輕者傷生，重者喪命的危險。

房中術因為流派不同，而歸宗於不同始祖，如黃帝、容成子、彭祖、素女、玄女等人都精於此道〔註51〕，但多與黃帝有關。古代房中術的一大特色就是主動通過房事協調來達到養生、療疾的目的。據《後漢書‧方術列傳》、《列仙傳》、《神先傳》等記載，當時的許多方士如甘始、左慈、東郭延年等人，都修煉過房中術。房中術與醫學養生關係密切，所以形成秦漢時期方士醫學的一個重要組成部分。

馬王堆出土的十四種醫書中，其中就有《十問》、《合陰陽》、《天下至道談》、《養生方》、《雜療方》等五種與神仙家、方仙道密切相關的房中養生著作。這些房中養生著作，內容含有豐富的性醫學和性保健知識，認為「長壽在於蓄積」，指出房事應該「動用必當」，才能不傷不損，固氣保精，

〔註49〕 胡孚琛：《魏晉神仙道教》，頁299。
〔註50〕 （漢）班固：《漢書》卷三十《藝文志‧方技略》（台北：中華書局，1961年），頁1779。
〔註51〕 因彭祖擅長房中術，著有《彭祖經》，故後世稱房中術為「彭祖術」；又因傳說房中術是玄女與素女授與黃帝的，故後世也稱房中術為「玄素術」。

並且詳細說明了房中補益之道和各種房中補益的方法。特別是《天下至道談》中的「七損」、「八益」之說，具有很高的醫療保健價值。《漢書‧藝文志》雖然記載古代有「房中八家」之目，但其著作早已佚失；因此漢墓馬王堆出土的這五種有關房中的著作，填補了秦漢時期房中術史料的闕如，爲我們研究道教房中術的流變，提供了保貴的資料。〔註52〕隨著道教的創立，古代的許多神仙方術相繼被吸收，納入道教的修煉系統之中，房中術也不例外，是成仙模式的內修法之一，這部分將於第六章第一節中再詳細論述。

（四）服食煉養

道教醫學養生術包括內修與外養，服食就是外養的重要方式。服食又稱「服餌」，主要是選用礦物、植物，也有少量動物類藥和食物，經過一定的加工、配伍，炮製成丹藥或方劑，以內服爲主要攝入途徑，作用於人體，以期達到輕身益氣、延年度世，長生不死的目的。中國最初的藥學思想，認爲凡能治病的藥，都是有毒的，而疾病本身也大多因爲中毒而起，因此以毒攻毒的醫療思想起源甚早。《黃帝內經》有許多用毒藥治病的記載，《素問‧移精變氣論》提到：「今世治病，毒藥治其內，針石治其外」，所以最初將內服藥都泛稱爲毒藥。

殷周時期，災害頻繁，迫使先民以野草野荣果腹，所以在尋找食物的過程中，發現了大量可以強身的草木藥。例如《詩經》中所記載的藥物達一百餘種之多，是當時人民採集野荣和草木藥的記載。先民採集野荣和草木藥來果腹治病，這種藥食同源的歷史，奠定了中國古代醫藥學中，將養生和治病相結合及重視食療的傳統思想。

長生信仰由來已久，隨著醫藥學的進步，最晚在春秋戰國時代，人們便已經有了「長生」與「不死」的觀念。因爲在先民的認知中，認爲既然服用藥物，可以治病，使人不生病；進一步從經驗知識的基礎上，經過邏輯推理，就得出了服藥可以延年，甚至是長生不死。此時出現了許多關於長生的神話傳說，這種「長生說」把長生的願望寄託在仙藥和神仙的身上，希望能通過服食仙藥而成爲逍遙自在、長生不死的神仙。

服食起源於戰國時的方士，是在神仙家的神仙信仰和「服食成仙」思想

〔註52〕蓋建民：《道教醫學》（北京：宗教文化出版社，2001年），頁36。

影響下發展起來的一門方術。根據《列仙傳》記載，早期方士除了服食一些礦物藥之外，還喜食草木藥。例如赤松子「啖百花草」，偓佺「好食松實」，鹿皮公「食芝草」等。馬王堆出土的十四種醫書中，《養生方》中記載了許多服食方，例如：

> 取細辛、乾薑、菌桂、烏喙，凡四物，各冶之。細辛四，乾薑、菌
> 桂、烏喙各二，並之，三指撮以為後飯，益氣，又令人面澤。〔註53〕

細究《養生方》的服食方內容，大多數都是針對「老不起」、「陽不起」的房中補益方。《五十二病方》中記載許多服食方和祝由方。

方士在長生不死的神仙信仰驅使下，積極尋找各種能延年益壽的天然草木類藥物和動物藥，並且在屢屢尋找仙藥未果的情況下，最遲在秦始皇時期，方士們就已經萌發了人工煉製仙藥的思想。〔註54〕這是中國醫學史上化學製藥的肇始，意義十分重大。之後方士積極從事的原始煉丹術，擴大了藥物的來源與品種，同時促進了秦漢時期對藥物學的認識與發展。許多方士都熟諳本草藥性，從現存我國第一部系統的本草學著作《神農本草經》中，可以看見方士醫學對本草學的影響與貢獻。《神農本草經》並非出自一時一人之手，它總結秦漢以來包括方士醫學在內的藥物學基礎上，經過許多醫家之手，最遲在東漢就已成書。《神農本草經》明顯帶有方士醫學的特徵。《神農本草經》載有植物藥二百五十二種，動物藥六十七種，礦物藥四十六種，共三百六十五種。以「法三百六十五度，一度為一日，以成一歲。」在藥物分類上，首次提出了上、中、下三品分類法。三品分類法是我國傳統醫學最早的藥物分類法，此方法顯然是受方士服食成仙思想的影響。其分類是以各種藥物的藥性，能否有助於養性延命和輕身不老，作為劃分標準。

《神農本草經》將「丹砂」列為上品之藥的第一位，說「丹砂，味甘，微寒，主身體五藏百病，養精神，安魂魄，益氣，明目，殺精魅邪惡鬼，久服，通神明不老，能化為汞，生山谷。」〔註55〕另外方士常用藥物太乙餘糧也是上品藥，說「味甘平，主咳逆上氣，癥瘕，血閉，漏下，餘邪氣。久服

〔註53〕 《馬王堆漢墓醫書校釋》貳（四川：成都出版社，1992年），頁43。
〔註54〕 《史記‧秦始皇本紀》云：秦始皇「悉召文學方術士甚眾，欲以興太平。方士欲煉以求奇藥。」（台北：中華書局，1961年），頁258。
〔註55〕 （魏）吳普等述、（清）孫星衍、孫馮翼同輯：《神農本草經》卷一（台北：中華書局，1994年3月），頁3。

耐寒署，不飢，輕身，飛行千里，神仙。一名石腦，生山谷。」〔註56〕上品
藥一般是無毒或毒性較小的，多屬於補養類藥物，可久服，能「養命」，甚至
「致仙」。中品藥一般是補養而兼有攻治疾病作用的藥物，《神農本草經》將
「雄黃」列爲中品之藥的第一位，說：「雄黃，味苦平寒，主寒熱，鼠瘺惡創，
疽痔死肌，殺精物、惡鬼、邪氣、百蟲毒，勝五兵，煉食之，輕身神仙。一
名黃食石，生山谷。」〔註57〕下藥一般有毒，多用於攻治眾病。例如莨蕩子：

> 莨蕩子，味苦寒，主齒痛出蟲，肉痺拘急，使人健行，見鬼，多食
> 令人狂走，久服輕身，走及奔馬，強志益力，通神。一名橫唐。生
> 川谷。〔註58〕

莨蕩子雖然是下藥，除了可以治齒痛、肉痺外，也稱久服能輕身，使人健行、
益力及「通神」。

　　《黃帝內經》一方面代表醫術與巫術的分流，醫術可以獨立出來自成
完整系統，總結已有的醫藥知識與臨床經驗，配合傳統人體與自然相感應
的宇宙觀念，以完善的陰陽五行等氣化理論，建構出龐大的醫學體系。另
一方面擴充了巫術醫療的觀念體系，增強巫術醫療的生理與病理的理論，
提高其說服力與有效性，讓人們相信人體與天地鬼神的內在聯繫關係，對
後來道教醫學體系的建構與完成，影響深遠。綜合以上所述，我們可以知
道方士醫學是上承巫術醫學的，方士醫學的醫學思想曾經對中國傳統醫藥
學產生過交互影響。道教醫學養生術包括的內修與外養，早在方士醫學中
就已經出現，當道教出現後，再結合道教教義，發展成爲更精緻、有系統
的修仙模式。故方士醫學可以視爲道教與中國傳統醫學發生相互影響和作
用關係的前奏。

第三節　道教「援醫入道」的創教模式

　　道教自創立之日起，就與醫學結下了不解之緣。早期道教在創始、發展
過程中，爲什麼會奉行「以醫傳教」、「借醫弘道」，走上以「醫學創教」的模
式呢？細究其內容，是有其社會歷史背景和宗教內在的原因。

〔註56〕　（魏）吳普等述、（清）孫星衍、孫馮翼同輯：《神農本草經》卷一，頁8。
〔註57〕　（魏）吳普等述、（清）孫星衍、孫馮翼同輯：《神農本草經》卷一，頁59。
〔註58〕　（魏）吳普等述、（清）孫星衍、孫馮翼同輯：《神農本草經》卷二，頁102。

一、道教創教模式的形成

　　道教自創立之日起，就與醫學結下了不解之緣。形成道教「尚醫」的歷史傳統主要有二個原因，一是從道教醫學的肇始與流變中可知，早期的巫術與醫學、方仙道與醫學就有緊密聯繫的歷史傳統，這一歷史傳統被後來的道教繼承和發揚。二是道教在創始、發展過程中奉行的是「以醫傳教」、「借醫弘道」的立宗創教模式。

（一）尚醫傳統

　　道教自創立之日起，就與醫學結下了不解之緣；所以造就了道教與中國傳統醫學的關係密不可分，這在世界宗教發展史上是極少見的現象。所謂「古之修道者，莫不兼修醫術」、「醫道通仙道」、「十道九醫」等說法，都充分反應了道教「尚醫」的歷史傳統。形成道教「尚醫」的歷史傳統主要有二個原因，一是從道教醫學的肇始與流變中可知，早期的巫術與醫學、方仙道與醫學就有緊密聯繫的歷史傳統，這一歷史傳統被後來的道教繼承和發揚。二是道教在創始、發展過程中奉行的是「以醫傳教」、「借醫弘道」的立宗創教模式。

　　關於早期道教的形成，學術界一般認爲：

> 道教產生於漢代，首先是由一些「好道者」制作「神書」創造經典開始，然後發展成爲有組織的神學信仰，即有形的宗教團派。從西漢末年的《天官歷包太平經》，到東漢中期的《太平清領書》，從巴蜀漢中的五斗米道，到東方中原的太平道，是早期道教形成過程的重要標誌。〔註59〕

這裡說明了早期道教創教活動包含的兩個部分，一部分是創造宗教經典，也就是建構宗教教義和教理。另一部分是教團組織發展方面。在這兩部分的創教活動中，中國傳統醫療思想和操作實踐工夫都曾經發揮過「助道宣教」〔註60〕的作用。中國傳統醫學思想的代表《黃帝內經》，在理論上繼承先秦道家論述養生之後，從醫學保健的角度，借《周易》的陰陽理論和道家清靜無爲思想，來闡述醫療養生的根本原則和方法。曾經在建構早期道教教義、教理的形成過程中，發揮積極的指導作用，這從早期道教的幾部重要經典中可以看出。例如：《老子道德經河上公章句》，或稱《老子河上公註》，它是神仙方術

〔註59〕 卿希泰：《中國道教史》第一卷，（北京：人民出版社，1988年），頁85。
〔註60〕 《老子想爾注》中云：「勉力助道宣教」。請參閱饒宗頤：《老子想爾注校箋》（上海：古籍出版社，1991年），頁21。

與黃老思想逐步結合的歷史產物，也是《老子》由道家學說向道教理論過渡的重要標誌。《老子河上公註》利用漢代的哲學、醫學和養生學的成就註解《道德經》，闡明其宇宙觀，重視治國治身之道，尤其以煉養長生為主旨。《太平經》一書，內容龐雜，主要是繼承老子之道和傳統的天神信仰，吸收陰陽五行說和仙家方術，運用神道設教的方式，宣傳天人合一及善惡報應思想，認為人的生命，必須神、氣結合，或是形、神結合，由此建立了「愛氣尊神重精」的修煉思想。而有關《老子想爾注》，學者饒宗頤認為：「當是張陵之說而魯述之；或魯作而托始於陵，要為天師一家之學」〔註61〕。《老子想爾注》認為仙壽可致，長生不死之道除了主張個人單純的養身外，要求帝王在內的人們要「奉道戒」，把「積精成神」和「積善成功」二者結合起來，以致「太平」、以致「仙壽」。《老子想爾注》的宗教思想也是五斗米道政權的施政綱領，它是道教教義的最重要的組成部分。

（二）社會歷史背景

早期道教在創始、發展過程中，為什麼會奉行「以醫傳教」、「借醫弘道」，走上以「醫學創教」的模式呢？細究其產內容，是有其社會歷史背景和宗教內在的原因。從社會歷史背景來說，東漢末年是中國歷史上一個極為動蕩的年代，戰亂不斷、災害頻仍、疫病流行、民不聊生。關於天災「疾疫」的部分，學者林富士曾做過從先秦到南北朝較完整的歷史統計，根據他的研究，他認為：

> 先秦疫情有具體的記載有 4 次，秦至西漢 247 年中有 10 次，東漢
> 186 年間有 14 次，三國時期 46 年間有 6 次，西晉 52 年間有 7 次，
> 東晉‧十六國時期 104 年間有 9 次，南北朝 170 年間有 5 次。〔註62〕

必須說明的是「東晉‧十六國時期的 9 次」是東晉 8 次，十六國 1 次。在瘟疫的猖獗肆虐下，成千上萬的無孤貧民百姓被犧牲，造成十室九空的慘烈景象。面對如此的空前劫數，以「去亂世、致太平」救世面貌應運而生的早期道教，自然非常重視具有濟世活人功效的醫術，所以自然而然地把它作為傳教弘道、廣納信眾和擴大影響的一個有力的手段和工具，同時視醫術為其救世、救己和度人的一種必備知識。

〔註61〕饒宗頤：《老子想爾注校證》，頁 4。

〔註62〕林富士：《中國中古時期的宗教與醫療》（台北：聯經出版社，2008 年），頁 4
　　　～7。

秦漢時期的社會為早期道教的產生，準備了充分的條件。這些條件可分為三點：一是從戰國到秦漢，在社會上形成了龐大的方士階層，並在上層貴族階級活動，他們已經掌握服食、行氣、房中諸方術，形成以神仙方術謀生的集團。後來的神仙道教就是以方仙道的方士為核心所發展出來的，這類方士到魏晉時便大都成為神仙道教的道士。二是漢代流行造神運動，以齊學滲透到儒學，方士家言滲入今文經學派，使得漢代的儒生也方士化，為道教的形成，準備了適宜的社會條件。漢儒遇事必占易推步吉凶，喜歡作些神秘預言，甚至認為誦經有止妖降鬼卻禍的作用。三是秦漢方士完成了創立道教以前必要的準備工作，包括了：造作道書、傳播和完善神仙說、將道家黃老之學宗教化及發展和豐富了神仙方術。

在造作道書方面，《抱朴子・內篇・遐覽》中所著錄的道書多為漢末造作，不少是宣揚神仙說和方術的道書。其中所錄的道經、記、符、圖等，約有一千二百卷，還不包括老莊、諸子、醫藥方，可見當時方士造作道書數量之大，這些道經是道士佈道所需要的。在傳播和完善神仙說方面，道教的仙學思想一直和「長生成仙」的信仰相聯繫，先秦時期「長生成仙」是中國上層貴族的生活理想。秦皇、漢武的求仙採藥，使神仙思想在社會上迅速傳播，劉向的《列仙傳》收入神仙七十人，至葛洪的《神仙傳》增為八十五人，書中宣傳神仙可學可致，為想修仙之人提供了典型，為日後的神仙道教在上層士族傳播中奠下了基礎。在將道家黃老之學宗教化方面，西漢初曹參時的「黃老術」，本是君王南面的政術，至西漢末的「黃老術」，已經轉為養生學，進而成為神仙說，東漢末的「黃老道」，已經成為對黃帝、老子的祭祀和信仰了。東漢末張角等奉行的「黃老道」，便是黃老之學最終演變為道教的證據。漢代以後，《河上公章句》、《老子想爾注》、《老子內節解》不斷以神仙方術來解說《老子》，使它最後成為道士修煉的教義。在發展和豐富了神仙方術方面，從《後漢書・方術傳》中，我們可以知道漢末專修仙道的方士，以金丹、仙藥、黃白、玄素、行蹻、變化、吐納、導引、禁咒、符籙、胎息、內視、存神、辟穀等方術見長，道教的神仙方術已經大致上完備。在漢代道書和方術的傳授，多採取漢儒招徒授經的方式，有立壇盟誓之類的宗教儀式，並且出現了小規模的道團，可見道教史上的準備階段已完成了。

（三）宗教內在原因

從宗教內在的原因來說，早期道教把「治國太平」與「治身長壽」二者

視爲一體，認爲一個國家的興衰治亂與個人人體疾病的治療，是可以相互類比、觸類旁通的，都是遵循一個共同的原則，即爲「道」。所以產生了治身如同治國的「身同國治」之思想，《太平經》中提到：

> 上士學道，輔佐帝王，當好生積功乃久長。中士學道，欲度其家。
> 中士學道，才脫其軀。〔註63〕
>
> 上士用之以平國，中士用之以延年，下士用之以治家。〔註64〕

此處認爲治理國家，爲國家除掉禍患、祛除弊端，和治療疾病的治身之術，在本質上都是相同的，因爲「身國同構」，都要遵循「道」這個天地常法，差別在於治國者爲上醫，而治身者是下醫罷了。《太平經》又說：「普傳於天下，授有德之君，致太平，不但疾癒，兼而度世。」〔註65〕所以從早期道教的經典《太平經》中，我們可以看到傳授道經、弘揚道法有濟世、利人和利己之功，不僅能度世，而且能救己，療人疾病，這些思想後來就成爲道門中人的一種普遍共識。

此外早期道教運用了象天法地、天人一體的思維模式來看待與解釋「天人相應」，也包括人體疾病在內的一切事物和現象。所以《太平經》說：

> 天地病之，故使人亦病之，人無病，即天無病也；人半病之，即天半病之，人悉大小有病，即天悉病之矣。〔註66〕

天地生病，就會使人也生病；相反的，若人無病，則天也無病。從這段說明可知，早期道教把天人關係視爲是一對應的反映關係，人間疾病則是天上病災的兆示、反映。早期道教進一步認爲天地之病與人的疾病在治療方法上也是相通的，所以他們高度重視人間疾病的醫療，因爲要想救世，必須先濟人，「救世濟人」成爲早期道教徒宗教實踐活動的指南。

從地理因素來看，早期道教的主要發祥地在巴蜀、漢中、東南越人區域，歷年來就有「信巫鬼、重淫祀」的傳統，當地人民「俗好巫鬼禁忌」；所以雖然在秦漢時，中國傳統醫學就從巫術中分離出來，走上獨立發展的道路。但是在蠻荒之地，巫術醫學仍然擁有強大的勢力，特別是在下層民間，更是受到歡迎。也因爲如此，早期道教的主要對象是農村百姓，所以各派都非常重

〔註63〕王明：《太平經合校》（北京：中華書局，1960年），頁724。
〔註64〕王明：《太平經合校》，頁728。
〔註65〕王明：《太平經合校》，頁744。
〔註66〕王明：《太平經合校》，頁355。

視醫術和能治病消災的巫術，故以符咒治病、捉鬼驅邪、祈禱禳罪，並與民眾巫術、占卜星相圖讖活動相結合，形成道教立宗傳教活動的一個主要內容。

二、「五斗米道」、「太平道」的以醫傳教

中國道教史將上古至南北朝時期成熟教會出現前，分爲四個階段。東漢順帝以前的種種發展，可以說是屬於道教產生的準備階段。由於道教的產生是中國古代社會民俗信仰和神仙思想長期發展和演化的結果，其源源可以上溯至遠古祖先的原始宗教意識和殷周社會的巫史之學。春秋戰國時期，諸子百家爭鳴，由於理性主義的興起，巫覡的統治地位逐漸被方士所取代，燕齊一代的方士以黃老道家、陰陽五行家和神仙家爲主，結合儒、墨，匯成「齊學」〔註67〕，形成了前驅道教形式的「方仙道」，以上這些都可以看成是道教的前史階段。漢代民間巫俗興盛，山林隱逸和方士階層日益擴大，這些因素的結合，形成了道教創立的準備階段。漢代佛教傳入中國，加速了道教的創教過程。

（一）早期道教

從東漢順帝至東漢末年，屬於道教的初創階段。此一初創階段道教最早的經點《太平經》在社會上流傳，以張角爲首的太平道和以張陵爲首的五斗道，已經初步具有道教結社的規模；後來由於東漢末年社會動蕩，百姓生活痛苦、疾病交迫，促使各個道派採取以醫傳教、借醫弘道的過程，來創立自己道派的模式，在宗教實踐的過程中，獲得空前成功。所以形成了席捲八州的黃巾之亂，一般學者將東漢桓帝至東漢獻帝（西元 147～220 年）這段時間內，太平道、五斗米道等民眾的道教結社，稱爲是早期道教。

道教形成於東漢順帝（西元 126～144 年），前身是戰國時宣揚神仙方術的方仙道，以及兩漢時期依託黃帝的神仙之術，與依託老子修道養壽的黃老道，這種以神仙信仰爲特徵的宗教，在中國流傳已有二千多年的歷史了。神仙家後來一分爲二，一派在戰國末年，仿騶衍將陰陽五行說相勝相剋的原理與社會朝代的興衰更替相結合，來更推而論社會事物變化的方仙道，另外一派則依附於黃老之學的黃老道。

從戰國到漢代，黃老之學逐漸分成三個流派：一是黃老與刑名法術結合的道家法術家，著重於解黃老之學爲君王南面之術，即帝王統治術。二是黃

〔註67〕 胡孚琛：〈齊學和道教〉，《世界宗教研究》1987 年第 2 期，頁 84～94。

老之學與陰陽五行結合的陰陽數術家。他們以自然的陰陽五行，附會於人事，用來解釋國家的治亂興衰，推論未來的吉凶禍福，並且與傳統的鬼神崇拜結合。三是黃老之學與養生之術結合的神仙方技家，在黃老之學思潮的影響下，將古代的醫學、房中、神仙等袪病延年的養生術著作相結合，也有不少依託於黃帝。黃老道家本身就重視治國、養生，由於黃老之學強調養生的重要性，所以使得各種養生方術自然與黃老之學結合起來。

　　崇尚黃老與重視神仙的兩股思潮，幾乎同時興起於齊楚，神仙方士與黃老術士在歷史發展過程中，逐漸合流。隨著崇尚黃老的社社會思潮發展，黃帝、老子也被逐漸神化、仙化，有關黃、老神仙化的傳說，陸續見於史籍。《莊子》是一部既談神仙，又講黃老的著作，而劉向的《列仙傳》所寫的黃帝，既有神性又富仙味，黃帝成仙之說，就是神仙方士與黃老思潮結合的例證。

　　自漢武帝後，當時一些方士，攀附在社會上有影響的黃老之學，神仙家開始推崇黃帝，接著抬高老子，漢武帝以後逐漸形成具有宗教色彩的黃老道。到東漢桓帝時，老子被進一步神化，將其披上濃厚的宗教色彩，《後漢書‧王渙傳》謂桓帝信仰黃老道，「悉毀諸房祠」，黃老道的名稱始見於此，黃老之學在此時正式發展成為黃老道。黃老道所尊崇的黃帝、老子，也是後來道教所信仰的至尊之神。學者李養正認為：「黃老道是神仙家攀附黃老之學，製造其宗教理論體系的蘊釀階段，所以它不僅講術，也宣揚修道養壽了，故方仙道、黃老道，都是道教信仰的淵源。」〔註68〕故早期道教指的是東漢桓帝至東漢獻帝（西元 147～220 年）這段時間，黃老道在民間分為三支，一是繼續干吉太平青領道之張角的太平道，主要經典為《太平青領書》，即《太平經》。二是繼承張道陵、張衡五斗米道的張魯五斗米道（也稱天師道），主要經典為《老子五千文》及「三天正法」的章符，其秘籍有《老子想爾注》、《太平洞極經》。張魯後來歸順曹操，與曹魏的關係密切，所以五斗米道可以繼續傳教，成為日後道教的正統。三是將神仙說與《周易》學說相結合，專門從事金丹燒煉、並探索其修仙之道的魏伯陽金丹道。其主要經典為《參同契》，使道教的煉養方術向義理化發展邁進一大步，奠下後世道教丹鼎派的理論基礎。

　　太平道和五斗米道聲勢壯大，不只是宗教集團，在地方上同時擁有強大的政治力量和軍事勢力；信眾道民的願望，不只是崇拜神仙，祈求幸福和修煉長生；同時幻想能在地上，建立一個能夠讓人們生存的太平樂土。這是因

〔註68〕李養正：《道教概說》（北京：中華書局，1989 年），頁 14。

為當時社會動亂，天災頻頻，人民生活痛苦，形成了東漢末年道教得以流傳的社會原因。人民在物質上想要得到解救的願望破滅後，只好轉向在精神上尋求慰藉，因此太平道和五斗米道在民間得以壯大起來。黃老道得另外一支，是金丹道，陰長生、魏伯陽等人將將神仙說與《周易》學說相結合，專門從事金丹的燒煉、並且依舊探索其修仙之道。

宗教學一般將宗教發展過程說成是從「自發宗教」發展為「人為宗教」的過程。〔註69〕正式成熟宗教的構成，需要有六個條件：

> 一教義、二神秘、三經典、四儀式、五倫理、六組織。教義是宗教
> 對世事的看法和主張，以及對教徒的禁忌和戒規。神秘就是神學和
> 心法，是超心理、超科學的，也是宗教上的秘密和最神聖的部分之
> 一。經典是教主所遺的歷史、言行、教法和典範。儀式是神人交通
> 接天祈福的禮儀、程序和方法。倫理是神人關係的規範和宗教的道
> 德標準。而組織則是為了遂行宗教整體事務的教會，和修道闡教單
> 位個體共組的教團。〔註70〕

上述的六大要件必須是自有和獨立的，而不是抄襲或拼湊的，所以不具獨立要件的宗教個體，就不是獨立成熟的宗教。所以學術界普遍認為中國人為宗教的起點是從早期道教，東漢桓帝至東漢獻帝（西元147～220年）這段時間算起。

這是歷史上道教最活躍，也是聲勢最浩大的時期，儘管第一次勃興的現象非常短暫，但是它具有特色，並且對後世的道教，產生深遠的影響。由於這段時間道教在教義上還未形成一致的理論體系，經典、教制以及組織都不統一，只是處於萌芽成長的初期階段，為後世道教組織、規制以及符籙、丹鼎兩派教義打下了初步的基礎，故學者把這一時期的道教稱為早期道教。

（二）五斗米道

道教醫學肇始於東漢末道教創始時期，早期道教如張陵所創的五斗米道及張角所創的太平道，在初創時期都是將傳教與為人治病二者相互結合，並且使用帶有濃郁巫術醫學色彩的方式為病患療病，例如「符水咒說」、「跪拜首過」等，並且以此作為重要的創教傳教手段。這是因為張陵曾經在蜀客居

〔註69〕呂大吉：《宗教學通論》（台北：遠博出版社，1993年），頁135。
〔註70〕張檉：〈淺說道教〉《我們對道教應有的認識》（台中：台灣省道教會，1996年），頁42。

並且學道，張陵所學的「道」，是屬於在巴蜀少數民族地區盛行的包括巫術醫學在內的「巫鬼道術」，張陵學了此道術後便以此來作爲重要的創教傳教手段。學者林富士曾做過從先秦到南北朝疫疾的歷史統計，根據他的研究，他認爲：東漢186年間有14次。當時瘟疫流行，也波及巴蜀，張陵因此避疾入山，教人以符水咒說治病，由此觀之五斗米道是從爲百姓治療疫病開始的。

張陵除了用符水咒說爲人治病外，還敷衍正一章符，領戶化民，用「首過」的方式來「救療久病困疾」，在《三天內解經》提到：

> 疾病者，但令年七歲有識以來，首謝所犯罪過，立緒□儀章符，救療久病困疾，醫所不能治者，歸首則差。〔註71〕

從此段文字的說明可以知道，張陵教導病人用叩頭思過的方式，來治療久病困疾者的痛苦。並且以此爲病人治病的方法，來吸引百姓入道。

這一創教模式，被後來的張修、張魯等人所沿襲，並且加以進一步地完善。他們用「師持九節杖爲符祝」，以符水爲人治病；同時爲病人首過而專門增設「靜室」，並且設鬼吏一職，主司爲病人請禱；作「三官手書」，以此來消災去病。所謂「三官」，來自古代原始宗教神話傳說中的天官（天帝）、地官（地祇）、水官（水神）三神。神話傳說中天官賜福、地官赦罪、水官解厄，所以張修、張魯等人的五斗米道就沿用此說，來爲病患請禱治病。所以「三官手書」的作法是以文書形式將病人姓名和服罪之意寫成一式三份的文書，一份「上之天，著山上」，一份「埋之地」，一份「沉之水」。整個治療過程由專職的鬼吏來施行，所以顯然此時的鬼吏角色，與原始社會中的巫醫角色並無不同。

（三）太平道

早期道教的另一大派太平道在民間興起時，大約與五斗米道創立的時間相當，根據歷史文獻記載，太平道在創教模式上和五斗米道非常類似，也是用符水咒說來爲人治病，以爲人治病爲手段，來吸引貧民百姓加入此宗教組織。《後漢書》云：

> 初，鉅鹿人張角自稱「大賢良師」，奉事黃老道，蓄養弟子，跪拜首過，符水咒說以療病，病者頗癒，百姓信向之。〔註72〕

〔註71〕《三天內解經》卷上《正統道藏》第二十八冊，（台北：藝文印書館，1977年），頁414。

〔註72〕（東漢）班固：《後漢書》第八冊，（台北：中華書局，1977年），頁2299。

從此段說明可以知道，張角信奉黃老道，自稱「大賢良師」，按照注解之意「良」或作「郎」，指的是郎中、醫生。張角的弟弟張梁、張寶自稱爲大醫，他們三人在河北一帶「以醫傳教」。利用東漢末期社會政治、經濟、信仰等各方面的動蕩衰頹，和當時疾病流行肆虐，廣大的平民百姓爲貧病所困擾，身心靈都面臨空虛、苦不堪言的困境，平民百姓急需被救助的社會現實，於是以爲人治病爲手段，在民間秘密傳教，獲得成功。太平道具體的醫療方式是：「師持九節杖，爲符祝，教人叩頭思過，因以符水飲之」，也就是九節杖作爲符咒治病的法器，讓病人叩頭思過，並且用施咒過的水，或將符燒成灰製成的符水，給病人吞服。這種符咒治病術，在太平道的經典《太平經》中，稱爲「丹書吞字」、「神祝」除疾，在《太平經》中多有描寫，例如：

> 天符還精以丹書，書以入腹，當見腹中之文大吉，百邪去矣。〔註73〕
> 欲除疾病而大開道者，取決於丹書吞字也。〔註74〕

用「丹書吞字」、「神祝」除疾，經過此番醫療後，若是病患的病情有好轉，就對外聲稱此人信道而得癒；相反的若是病情未有好轉，則是歸罪於此人不信道。這種醫療方式是上承巫術醫療，對平民百姓來說並不陌生，在巫術醫療的基礎上加上信道的宗教信仰，讓平民百姓的身、心與靈能有所依賴，這一套作法對當時缺醫少藥、爲疾病所苦的平民百姓而言，是有巨大吸引力的。

　　張角兄弟在疫病特別嚴重的冀州以醫傳教獲得成功後，便因勢利導，史料記載「角因遣弟子八人使四方，以善道教化天下」，積極從事擴大教派的勢力。十多年間信徒以達數十萬人，遍及北方的青、徐、幽、冀、荊、揚、袞、豫等八州，「以醫傳教」的模式獲得空前成功。早期道教在使用「符水」、「咒說」、「祝文」等巫術醫學的手段來治病時，其背後所使用的理論是宗教醫療和心理醫療；同時也大量應用了秦漢方士醫學所發展出來的各種湯藥、民間驗方、針刺及熨烙等療法。《太平經》中的灸刺訣，詳細記錄了當時民間醫術中常用的「灸刺療法」：

> 灸刺者，所以調安三百六十脈，通陰陽之首而除害者也。三百六十脈者，應一歲三百六十日，日一脈持事，應四時五行而動，出外週旋身上，總于頭頂，內繫於臟。盛衰應四時而動移，有疾則不應，度數往來失常，或結或傷，或順或逆，故當治之。灸者，太陽之精，

〔註73〕 王明：《太平經合校》，頁330。
〔註74〕 王明：《太平經合校》，頁512。

公正之明也，所以察奸除惡害也。針者，少陰之精也，太白之光，
所以用義斬伐也。治百中百，治十中十，……治十中九失一，與陰
脈相應，精為其驅使。治十中八，人道書也。人意為其使；過此而
下，不可以治疾也。反惑傷神。……人有小有大，尺寸不同，度數
同等，常以陷穴分理乃應也。道書古今積眾所言各異，名為亂脈也。
陽脈不調，反治陰脈，使人被咎，賊傷良民，使人不壽，脈乃與天
地萬物相應，隨氣而起，周者反始，故得其數者，因以養性。

古者聖賢，坐居清靜處。自相持脈，視其往來度數，至不便以知四
時五行得失。因反知其身衰盛，此所以安國養身全形者也，可不慎
乎哉。〔註75〕

從以上所述可以知道「灸刺療法」可以調脈通氣，是一種很重要的療法。灸
刺即火灸、針刺，亦即現在我們所稱的針灸，至今仍舊是中醫行之有效的重
要部分。這裏先講了灸刺的定義、理論和治療原則，強調脈與天地萬物是相
應的，它所顯示的經脈觀，與《內經》頗不相同。論脈非十一脈或十二脈的
架構，乃是三百六十脈。兼用灸與刺，說灸為太陽之精，針為少陰之精，與
《內經》以針為主者不同，《內經》亦無針乃少陰之精的講法。《太平經》的
脈理，除了用以治病之外，亦可用於養性。以脈應四時五行之氣，呼應一年
三百六十日的度數，便可以養生。明確指出「灸刺療法」的關鍵在於正確診
脈，把握病因，準確取穴，才能做到「養身全形」。它要求行灸刺者至少要掌
握百分之八十以上療效的技術，纔能為人治病，否則「不可以治疾也」。為了
有效地判斷病情，確定相應的灸刺部位，它提出了「臨床會診」的形式，這
些有關灸刺要從實際出發，必須十分慎重的思想，在早期道教醫學發展的過
程中，是具有積極意義的。

假若我們把《內經》視為由「巫醫」到「醫」的發展，那麼，《太平經》
就可以當做早期「道醫」的代表。其論脈用針，都與《內經》不同，《太平經》
不廢祝由、兼用方藥，影響與《內經》同樣深遠。《太平經》的各種方術，目
的在解除人民疾苦，長生久壽，甚至不死成仙。對於強身去病，確有一定的
作用，也為醫藥學、氣功學作出了可貴的貢獻。〔註76〕針對《太平經》中兼

〔註75〕王明：《太平經合校》，頁179～180。
〔註76〕卿希泰主編：《中國道教史》第一卷（台北：中華道統出版社，1997年），頁
119。

用方藥，使用動、植物藥物及方劑來治療疾病的記載如下：

> 草木有德有道有官位者，乃能驅使也，名之爲草木方，此謂神草木
> 也。治事立愈者，天上神草木也，下居地而生也。立延年者，天上
> 仙草木也，下居地而生也。〔註77〕

> 生物行精，謂飛步禽獸跂行之屬，能立治病。禽者，天上神藥在其
> 身中，天使其圓方而行。十十治愈者，天神方在其身中；十九治愈
> 者，地精方在其身中；十八治愈者，人精中和神藥在其身中。此三
> 者，爲天地中和陰陽行方，名爲治疾使者。比若人有道而稱使者，
> 神人神師也。是者天地人精鬼使之，得而十十百百而治愈者，帝王
> 上皇神方也；十九治愈者，王侯之神方也；十八治愈者，大臣白衣
> 至德處士之神方也；各有所爲出，以此候之，萬不失一也。〔註78〕

從以上所述可以知道，早期道教在以醫傳教、劑世活人的過程中，已經普遍
使用草木和禽獸等動植物藥來爲人治病，同時也注意到了各種藥物包括單味
藥和配方藥的藥效，有高有低，所以分別冠以帝王、大臣、人民或天神、地
精、人精和立愈方、一日方、二日方、三日方或帝王方、王侯方、大臣方來
做區分，標明這兩類藥物或方劑療效的高低。《太平經》中的經文時常強調治
病用藥是「乃救死生之術，不可不審詳」，這說明了早期道教在借醫弘道過程
中處方用藥是十分小心謹愼，表現出對病患生命健康的高度重視精神，首開
道教醫學重視醫德醫風的先河。〔註79〕《太平經》中的治病方術，主要有灸
刺、符祝、生物方、草木方等，都是早期道教重要的醫學文獻。

　　早期道教採取在以醫傳教、借醫弘道的過程中，來創立宗教的模式，在
宗教實踐的過程中，獲得空前成功。這種創教模式的成功，說明了道教與中
國傳統醫學之間的密切關係，同時也反映出中國民眾宗教信仰的實用主義價
值的傾向，特別是在道教中表現特別突出。早期道教採取在以醫傳教、借醫
弘道的創教模式，也是造成道教方術發達，其所內蘊的醫藥知識、天文、地
理等科學技術一直高居其他宗教之上的一個重要因素。

（四）以醫傳教餘緒

　　早期道教除了五斗米道、太平道是以醫傳教、借醫弘道外，在魏晉流傳

〔註77〕 王明：《太平經合校》，頁172。
〔註78〕 王明：《太平經合校》，頁173。
〔註79〕 蓋建民：《道教醫學》，頁52。

的幾個小道派，如李家道、杜子恭道、清水道等，也是採取以醫傳教、借醫弘道的方式來創教。李家道是早期道教的流派之一，奉李阿（號爲八百）、李寬爲教主的教派，從三國至晉末流傳於吳越。李家道的創教人也是採用以醫傳教的方式來立宗創派。葛洪在《抱朴子‧內篇》有提到他對李家道的了解：

> 或問李氏之道起於何時。余答曰：吳大帝時，蜀中有李阿者，穴居不食，傳世見之，號爲八百歲公。人往往問事，阿無所言，但占阿顏色。若顏色欣然，則事皆吉；若顏容慘戚，則事皆凶；若阿含笑者，則有大慶；若微歎者，即有深憂。如此之候，未曾一失也。後一旦忽去，不知所在。後有一人姓李名寬，到吳而蜀語，能祝水治病頗愈，於是遠近翕然，謂寬爲李阿，因共呼之爲李八百，而實非也。自公卿以下，莫不云集其門，後轉驕貴，不復得常見，賓客但拜其外門而退，其怪異如此。於是避役之吏民，依寬爲弟子者恆近千人，而升堂入室高業先進者，不過得祝水及三部符導引日月行氣而已，了無治身之要、服食神藥、延年駐命、不死之法也。〔註80〕

從以上所述可以知道李氏道起於東吳大帝，在江南以醫傳教頗爲成功，因爲能用祝水治病，而病頗能治愈，開始有名氣，一時門下信徒眾多；不僅下層百姓爭相入道，甚至連上層的貴族也是雲集其門，使得李家道勢力迅速擴大，成爲江南流行的一個道派。葛洪認爲此道派只用祝水及三部符，還有導引日月行氣而已，既無治身之要，也無不死之法，列爲禁絕之列，理由是：

> 又諸妖道百餘種，皆煞生血食，獨有李家道無爲爲小差。然雖不屠宰，每供福食，無有限劑，市買所具，務於豐泰，精鮮之物，不得不買，或數十人廚，費亦多矣，復未純爲清省也，亦皆宜在禁絕之列。〔註81〕

他認爲其實是言過其實而加以反對。

帛家道也是早期在民間流傳的一個小道派，六朝時期流傳於江浙一帶，由帛和所創，他尊奉在民間享有聲望的醫家爲其宗師，董奉在民間享有很高的聲望，所以帛家道以董奉爲其祖師，來作爲以醫傳教的一種策略。依據《神

〔註80〕引自葛洪著、王明校釋：《抱朴子內篇校釋》（北京：中華書局，1985年3月），是書據清孫星衍「平津館校刊本」爲底本點校，本文後面所引《抱朴子‧內篇》皆據此本。《抱朴子‧內篇‧道意》，卷9，頁173～174。
〔註81〕《抱朴子‧內篇‧道意》，卷9，頁174。

仙傳》說：「帛和，字仲理，師董先生行氣斷穀術」〔註82〕，這裡所說的董先生，就是三國時期著名的道醫董奉，曾行醫於廬山，有起死回生之術。關於帛和與帛家道的歷史，學者陳國符認為：「帛和得《三皇文》，葛洪以為道之重者，莫過於《三皇文》及《五岳真形圖》。葛洪從鄭君授《三皇文》，疑鄭君、葛洪皆奉帛家道」〔註83〕。學者蓋建民認為：「這種以醫傳教、借醫弘道的創教活動並非只是個別現象，而是廣泛存在於早期道教的各個道派之中，從而形成了帶有普遍性特徵的醫學創教模式」。〔註84〕

　　除了上述的道派外，魏晉時期在江南的道派還有杜子恭道派，也是採用這種以醫傳教的手段，他為人治病採用早期天師道符咒、禁祝及上章祈禱之術。歷史上被三國東吳孫策所殺的于吉，也是採用早期五斗米教以醫傳教的模式。還有清水道，它是天師道的一個支派，這一個小道派的形成，開始於天師家奴以清水為人療病，十分靈驗，故吸引了眾多的信徒，而建立起一個宗教團體。從這一個測面來看，可以知道雖然當時的道教有各種流派，教義並不十分統一，治病、得道成仙的方術也各有差別，但是值得重視的是，道教這種以醫傳教、借醫弘道的創教模式，不僅為早期道教各種派別所普遍採納，在後起的新道派，如金元之際的全真教，在創立過程中也曾將醫術作為立宗創派以及擴大教派勢力的一條重要途徑。全真教創始人王重陽告誡弟子，修道必須通曉醫學，因為醫藥乃是活人性命之術，精通醫術藥理，就可以濟世活人，若不通，則「無以助道」。所以把研習醫術、行醫施藥、救治病苦作為全真道徒日常修行的戒律、實現真功真行的重要條件和主要內容。但是道教與醫學關係的這一新特點，早在東晉葛洪的《抱朴子‧內篇》為神仙道教奠定理論體系和修煉方術中就已經表現出來了。

三、道士對傳統醫學的融攝與創獲

　　魏晉時期的道教史是由東漢末的早期道教，向南北朝時期北方新天師道和南方茅山上清派等成熟的教會道教發展的過渡階段，在這個階段中，早期道教發生了分化，天師道向上層士族社會傳播，於是適應士族社會需要的神仙道教應運而生，於是道教分化為士族神仙道教和民間符水道教兩個較大的系統。

〔註82〕葛洪：《神仙傳》卷七（上海：古籍出版社，1990年），頁39。
〔註83〕陳國符：《道藏源流考》下冊（北京：中華書局，1963年），頁276。
〔註84〕蓋建民：《道教醫學》，頁54。

　　魏晉神仙道教實際上是對燕齊「方仙道」和兩漢神仙方士傳統的繼承，它在道教史上具有承前啓後的特點。葛洪的《抱朴子‧內篇》可以說是爲神仙道教奠定理論體系和修煉方術的重要典籍。南北朝時期，神仙道教又吸收了佛教的理論和宗教形式，來完善自己的教規、戒律和宗教儀式，提高了宗教素質。所以魏晉神仙道教在我國道教史上占有重要地位，它是從漢末早期道教結社到南北朝時期新天師道和上清派等成熟的教會道教之間，必不可少的過渡橋樑。

　　早期道教發生分化，天師道向上層士族社會傳播，適應士族社會需要的神仙道教開始形成，從此道教分化爲士族神仙道教和民間符水道教兩個較大的系統。在魏晉時期形成的神仙道教，它的特點和魏晉時期的社會歷史背景是密切相關的。南北朝時期是道教發展的成熟階段，在這個階段由北魏寇謙之和南朝的陸修靜、陶弘景對道教繼續進行改革，吸取了佛教的戒律、儀範和組織形式，形成了成熟的「教會道教」〔註85〕。

　　隨著道教與中國傳統醫學關係進一步的發展，魏晉南北朝以來，歷代修道而且兼通醫術者人才輩出，成爲在道教史和中國傳統醫學史上都享有盛名的道教醫家，可以說道教醫學作爲中國傳統醫學的一個流派，正在悄然掘起，魏晉南北朝可以說是道教醫學的蘊釀時期。在《古今圖書集成‧醫部‧醫術名流列傳》中較負盛名的道醫有封君達、董奉、負局先生、葛仙公、鄞邵、蔡謨、殷仲堪、葛洪、許遜、徐熙、徐秋夫、羊欣、劉涓子、徐嗣伯、顧歡、徐譽、張遠游等都是享有盛名的道醫。

　　魏晉南北朝時期，傳統醫學不僅在治療學、藥物學方面有長足的進步，在針灸及外科領域也有令人驚喜的發展，之所以有如此高水平的發展，道教醫家做了不少傑出的貢獻。在針灸學領域，出現了我國歷史上第一位的女針灸學家——鮑姑。鮑姑名潛光，是葛洪的妻子，南海太守鮑靚之女。鮑姑擅長灸法，善用越秀山出產的紅腳艾來治療贅瘤和贅疣。鮑姑的醫療活動對葛洪有很大的幫助和影響。葛洪《肘後備急方》中所記載的醫方有一百零九條，而其中絕大多數是灸方，有九十多條之多，書中對灸法的醫療效用、施治方法、宜與禁都有很系統的闡述，而我們也可以從中看見鮑姑的針灸水準的確與眾不同，她也是中國醫學史上有確切史料記載的第一位女針灸家。

〔註85〕「教會道教」一語，是多數日本學者在大量道教研究著作中已經習用的術語，指在南北朝時期汲取佛教的某些宗教形式，已經發展到成熟階段的道教。

　　魏晉南北朝的社會是士族政治的社會，那時的醫藥學也屬於士族醫藥學。學者范行准將醫學的這一階段稱爲「門閥與山林醫家分掌醫權的醫學成熟時期」〔註86〕。這些門閥世族的子弟，懂得醫術，就能爲父母嘗膳視藥，符合當時社會上所提倡「孝」的風氣。此外當時正是戰爭連年，災疫橫行之際，士族名士又以服食五石散、餌長生之藥爲流行風尚，他們從疾病（當時多患腳氣病）與吃藥中，累積了不少的醫藥知識，促使了醫藥學迅速發展起來。士族醫家除在門閥者外，尚有在山林的醫家，如道教的葛洪、陶弘景和沙門醫家于法開、支道存、釋慧義、波斯人胡洽等。山林中的醫家，以道教醫家的社會影響最大，他們將兩漢時期的方士醫藥學，發展成道教醫藥學，在中國醫藥學史上做出了貢獻。

第四節　葛洪與道教醫學

　　魏晉時期的道教史是由東漢末的早期道教，向南北朝時期北方新天師道和南方茅山上清派等成熟的教會道教發展的過渡階段，在這個階段中，早期道教發生了分化，天師道向上層士族社會傳播，適應士族社會需要的神仙道教應運而生，於是道教分化爲士族神仙道教和民間符水道教兩個較大的系統。所以當時出現的神仙道教，是特定歷史條件下的產物，它是爲了適應當時士族社會需要而經過改革的宗教。

一、葛洪生平及家學師承

　　葛洪，字稚川，爲人木訥，淡泊寡欲，不慕榮利。因不善交遊而隱居田園，任性率眞，毫不做作，故評價兩極。不了解他的世俗人說他傲物輕俗，明鑑之士，知其爲自然本性，因此稱呼他爲「抱朴之士」，後來他就以「抱朴子」自號。是兩晉時期的思想家、醫學家、製藥化學家，煉丹術家及著名的道教人士。葛洪思想基本上是以神仙養生爲內，儒術應世爲外。

（一）家世生平

　　葛洪其祖先葛天氏，蓋古之有天下者，後降爲列國，因以爲姓。曩祖爲荊州刺史，因抗莽失敗被徙於瑯邪（即今山東省諸城縣），其子浦盧與文佐光武有功受封，後因不願煩役國人而渡江南，家於句容（即今江蘇省江陵縣）。緣此之故

〔註86〕范行准：《中國醫學史略》（北京：中國古籍出版社，1986年），頁57～96。

《晉書》卷七十二〈葛洪傳〉說他是丹陽句容人，而《列仙傳》說他是瑯邪人。

葛洪家中原爲吳國世族。祖父葛系曾經在三國孫吳擔任大鴻臚，叔祖父是三國時方士葛玄（亦稱葛仙翁），他曾跟隨左慈學習煉丹及長生之術，是南方的道教領袖。父親葛悌，具文武之才，在孫吳任官，入晉後，曾爲邵陵太守。葛洪十三歲時，父親去世，從此家道中落。至十六歲時才讀《論語》、《孝經》、《詩經》、《易經》等書，由於刻苦好學、窮覽典籍，經史百家無所不讀，終以儒學知名。在儒學之外，他尤好神仙導養之術，並且在這一方面有很好的師承。因爲在這一方面葛洪能得到名師的指點，所以成就非凡，成爲當代一位聲名卓著、宏揚仙道的高士。

西晉惠帝太安二年（303），葛洪參加平息揚州石冰所領導的農民起事，因有功被任命爲伏波將軍，被賜關內侯。晉惠帝光熙元年（306），鎮南將軍劉弘任命嵇含爲廣州刺史，嵇含推薦葛洪當他的參軍。葛洪先至廣州，但嵇含遇害後，他遂至羅浮山隱居。於羅浮山中採藥，煉丹。後來葛洪拜南海太守鮑靚爲師，學習煉丹術，又娶鮑玄之女，擅長灸法的鮑姑爲妻。此事是他生命中的一個里程碑，使他邁向入山煉丹、尸解成仙的結局。愍帝建興二年（313），葛洪回到鄉里，州郡及車騎大將軍禮辟皆不就，仍然隱居不仕。晉元帝建武元年（317），寫成《抱朴子》內外篇〔註87〕，並作自敘，時年三十五歲。

成帝咸和元年（326），受司徒王導之召，補州主簿，後遷諮議參軍。他的好友干寶認爲他才堪國史，推薦他爲散騎常侍，領大著作，他堅不受命，只想專心研究異學秘典。成帝咸和七年（333），聽說交趾郡（今越南）出產丹砂，向成帝要求出任句漏縣令，遂舉家南行。至廣州時，刺史鄧嶽苦苦將他留下，葛洪於是隱居在羅浮山煉丹修道，最後在此過世。

綜觀葛洪一生的經歷，豐富多彩，他受名師鄭隱的傳授，深感功名富貴的虛幻，嚮往安靜閑暇的隱居生活，所以把畢生之志寄託於煉丹成仙，對養生長壽、醫藥等也很重視，認爲這是成仙的必備輔助手段，也因此爲後人留下了寶貴的養生、醫藥著作。他的一生，可大致分成四期。第一期在二十歲之前，他一面學儒讀經，一面習道求仙，因矛盾而激發他更深層的自省與探

〔註87〕葛洪自敘謂內外篇的完成在「建武中」，愍帝採用建武年號事實上只有丁丑年這一年（西元317），因此所謂建武中就是這年。若由其生年太康四年推至建武元年，剛好爲三十五歲，與自敘所述「齒近不惑」和「始立之盛」諸語相符合。

求。第二期由二十餘歲草創子書起至三十五歲，此時他一面廣尋異書，一面向鮑靚習道，調和儒道二家的精神，完成《抱朴子》。第三期自三十五歲起至五十歲止，雖為時勢所限，屢受薦舉，都虛與委蛇，但對實際的社會教化仍很關心。第四期自五十歲入羅浮山煉丹起至尸解成仙，致力於仙道的實驗。

（二）葛洪生卒年

葛洪之生卒年，史傳並未明載，其生年據《太平御覽》卷三二八引《抱朴子》佚文：「抱朴子曰：『晉太康〈據《抱朴子‧自敘篇》及《晉書‧葛洪傳》，「太康」當係「太安」之誤〉二年，京邑始亂，三國舉兵，攻長沙王乂，小民張昌反於荊州，奉劉尼為漢王，乃遣石冰擊定揚州，屯於建業。宋道衡說冰，求為丹陽太守。到郡發兵以攻冰，召余為將兵都尉，余年二十一。』」〔註88〕考證史實，亂賊張昌別將石冰率兵圍揚州，是發生在晉惠帝太安二年（303）之事，當時葛洪二十一歲，由此反推，可知葛洪應當生於西晉武帝太康四年（283）。此外葛洪在《抱朴子‧外篇》卷三十四〈吳失篇〉中曾提到：「余生於晉世，所不見。」此與葛洪生於「晉世」吻合。依據〈自敘篇〉「洪年二十餘，……會遇兵亂，流離播越」云云，與前述《太平御覽》所引《抱朴子》佚文稱葛洪受命平賊時「年二十一」，相符合。再據〈自敘篇〉「《抱朴子》成於建武中。」建武乃東晉元帝年號，僅建號一年。若依葛洪生於太康四年來推算，建武元年時葛洪三十五歲，也與〈自敘篇〉中所謂「齒近『不惑』及『『始立』之盛」者，是相互契合的。因此葛洪生於西晉武帝太康四年（283），學界幾乎一致認同。

但有關葛洪年壽與卒年的看法卻分歧不一，學界主要有三種說法。第一種說法依《晉書‧葛洪傳》說他年八十一歲，據此而推出他應卒於東晉哀帝興寧元年（363）。葛洪所著《神仙傳》中曾記載，平仲節於東晉穆帝永和元年（345）五月一日去世，因此葛洪去世應晚於西元345年，可作旁證。持此觀點的學者有：王明〔註89〕、尤信雄〔註90〕、曾春海〔註91〕、武鋒〔註92〕等。

〔註88〕（宋）李昉：《太平御覽》（北京：中華書局，1960年），頁1510。
〔註89〕王明：《抱朴子內篇校釋》（北京：中華書局，1985年），頁383。
〔註90〕尤信雄：《葛洪評傳》（台北：文津出版社，1977年），頁1。
〔註91〕曾春海：〈玄學及《抱朴子外篇》中的理想人格〉《哲學與文化》，26卷7期，1999年，頁602。
〔註92〕武鋒：〈葛洪卒年再考證〉《宗教學研究》，1006卷2期，2006年6月，頁138～141。

第二種說法來自《太平寰宇記》卷一百六十引袁宏《羅浮記》稱葛洪卒時年六十一歲，若以此推算，則他應卒於東晉康帝建元元年（343）。《晉書‧葛洪傳》記載，他曾在死前致書鄧嶽，自稱將遠行，鄧嶽前往時他已經過世〔註93〕。據清萬斯同〈東晉方鎮年表〉暨吳廷燮〈東晉方鎮年表〉：「至康帝建元二年嶽卒，其弟逸代之。」則鄧嶽卒於建元二年（343），據此葛洪應卒於東晉康帝建元二年（343）之前。持此觀點的學者有：侯外廬〔註94〕、陳國符〔註95〕、陳飛龍〔註96〕、胡孚琛〔註97〕、楊明照〔註98〕、林麗雪等〔註99〕。第三種說法是民國錢穆〔註100〕作葛洪年譜，考訂葛洪年紀應不到六十歲，則葛洪卒年應在東晉康帝建元元年（343）之前。

主張第一種說法葛洪卒年八十一歲，主要依據有：

1、《晉書》卷七十二〈葛洪傳〉：「後忽與（鄧）嶽疏云：『當遠行尋師，剋期便發。』嶽得疏，狼狽往別，而洪坐至日中，兀然若睡而卒，嶽至，遂不及見。時年八十一。視其顏色如平生，體亦柔軟。舉屍入棺，甚輕，如空衣，世以爲尸解得仙云。」〔註101〕

2、《藝文類聚》卷七十八引《晉中興書》：「葛洪字稚川，亡時年八十一。視其貌如平生，體亦軟弱。舉屍入棺，其輕如空衣，時咸以爲尸解得仙。」〔註102〕

3、《太平御覽》卷六百六十四引《晉中興書》：「忽與岱（鄧嶽）書，當遠行尋藥。岱得書，徑往別，而洪已亡，年八十一。顏色如平生，入棺，輕如空衣，尸解而去。」〔註103〕

主張第二種說法葛洪卒年六十一歲，或第三種說法葛洪卒年不出六十歲

〔註93〕唐‧房玄齡等：《晉書》（北京：中華書局，1997年），頁2131。

〔註94〕侯外廬：《中國思想通史》（北京：人民出版社，1957年），頁283。

〔註95〕陳國符：《道藏源流考》（北京：中華書局，1963年），頁97。

〔註96〕陳飛龍：《抱朴子內篇今註今譯》（台北：商務印書館，2000年），頁866～872。

〔註97〕胡孚琛：《葛洪年譜略述》（上海：道教，1991年），頁12。

〔註98〕楊明照：《抱朴子外篇校箋（下）》（北京：中華書局，1997年），頁806。

〔註99〕林麗雪：《抱朴子內外篇思想析論》（台北：學生書局，1980年），頁39。

〔註100〕錢穆：〈葛洪年譜〉《中國學術思想史論叢》（合肥：安徽教育出版社，2004年），頁61。

〔註101〕唐‧房玄齡等：《晉書》（北京：中華書局，1997年），頁1913。

〔註102〕唐‧歐陽詢編，汪紹楹校：《藝文類聚》（上海：上海古籍出版社，1982年），頁1326。

〔註103〕（宋）李昉：《太平御覽》（北京：中華書局，1960年），頁2964。

之說者，主要依據有五：

1、據《晉書‧葛洪傳》，鄧嶽爲葛洪之死的見證人，因此可以通過考證鄧嶽的卒年來確定葛洪的卒年。

錢穆考證認爲：鄧嶽似在康帝〈343〉之前就已經死亡，又知葛洪死在鄧嶽之前，所以其壽不出六十。而《晉書‧鄧嶽傳》「本名岳，以犯康帝諱，改爲嶽」云云，足見康帝時〈343～344〉，鄧嶽仍在世。所以，葛洪壽不出六十之說無法成立。陳飛龍考證認爲：鄧嶽最遲在穆帝昇平五年〈361〉之前，已離開廣州刺史之職，不可能活到八十一歲，因此定葛洪卒於東晉康帝建元元年（343）才較合理。

2、明確提及葛洪六十一歲而卒的典籍是袁宏的《羅浮記》：「於此山積年，忽與岱書云：『當遠行尋師、藥，剋期當去。』岱疑其異，便倉促往別。既至，而洪已死。時年六十一。視其顏色如平生，體亦柔軟。舉屍入棺，甚輕，如空衣然也。」〔註104〕

3、據道教習慣，道教宗師有在臨死之前傳經法於弟子的傳統，故以考證用葛洪經法傳於弟子的時間，來確定葛洪之卒年。胡孚琛認爲：《雲笈七籤》卷六亦載：「洪又於晉建元二年三月三日，於羅浮山付弟子海安君、望世等。」〔註105〕陳國符在《道藏源流考》「葛洪事蹟考正」中，也認爲：葛洪於建元二年傳經弟子時，即其「昇天」之日。則葛洪應死於東晉康帝建元二年三月三日，享年六十一歲。林麗雪也認爲葛洪傳經之日，即其昇天之時。

4、根據葛洪《抱朴子外篇》自敘記載，「稟性尪羸，兼之多疾」，可知葛洪體質很差，是以八十一歲之說不可信。陳飛龍認爲：葛洪長期服食丹藥，他自五十歲入廣州羅浮山煉丹，至六十一歲時，或已服藥十一年，自然無法長壽。

5、古籍中「六」字或因殘蝕，失其上半而成「八」字。所以葛洪享年六十一，或因之而誤作八十一。

綜合以上所述可知，若依《晉書‧葛洪傳》及《太平御覽》所引《晉中興書》，則葛洪享壽八十一歲；若依《太平寰宇記》所引袁宏的《羅浮記》，則其享年六十一歲，兩說相去二十年甚遠。筆者傾向第二種說法，因爲它的

〔註104〕 （宋）樂史編著：《太平寰宇記》卷160，光緒八年（1882）金陵書局刊行本。
〔註105〕 （宋）張君房編、李永晟點校：《雲笈七籤》（北京：中華書局，2003年），頁90。

直接、間接佐證較多，因此認爲葛洪生於晉武帝太康四年（283），卒於東晉康帝建元元年（343），年六十一。

（三）家學師承

　　葛洪信奉的金丹派神仙道教，其最初形態是戰國時期的「方仙道」。之後呂不韋、秦始皇、漢武帝、淮南王劉安、王莽、楚王劉英等周圍，都可以看到方仙道活動的蹤跡。方仙道較有名的活動爲漢武帝時封禪，當時方仙道中的方士已有「道士」之稱。至漢順帝時以黃老道爲核心形成民間早期道教組織，促使方仙道在上層社會的活動更加活躍。黃巾之亂後早期道教分化，曹操將方士集於許都，這無形中提供了方士們傳經、收徒、組織上層道教的條件，所以魏晉神仙道教便以原來方仙道的方士、修仙的隱士、早期道教的上層道士爲基礎，發展起來的。

　　葛洪的金丹派神仙道教，可以上溯到研習鄒衍《重道延命方》的燕齊方士。從秦始皇尋求天然不死之藥未果，開始產生人工煉製仙藥，到漢武帝直接化丹砂爲黃金，再到淮南王劉安手下方士著作有關煉丹術的《鴻寶苑秘書》，接著有劉向試作黃金（《漢書‧劉向傳》），王吉以僞金易車馬衣服（《漢書‧王吉傳》），《列仙傳》記載任光、主柱皆餌丹砂，赤斧能以水銀煉丹，到西漢末史子心已經把假黃金當成延年藥了。《抱朴子‧內篇‧黃白》說：

> 桓譚新論曰：史子心見署爲丞相史，官架屋，發吏卒及官奴婢以給之，作金不成。丞相自以力不足，又白傅太后。太后不復利於金也，聞金成可以作延年藥。〔註106〕

根據學者陳國符的考證，他認爲：「著名的金丹術著作《太清金液神丹經》（葛洪稱爲《太清丹經》）和《黃帝九鼎神丹經》（葛洪稱爲《九鼎丹經》），均在西漢末東漢出世」〔註107〕。這說明了在新莽時期，我國的金丹術已發展成熟了。中國的金丹術，原是古代方仙道的主要方術，一代代的傳人用了五、六百年的時間所研究發展起來的。葛洪將還丹金液視爲仙道之極，靠服金液還丹成仙，故稱爲「金丹派神仙道教」，它來自對秦漢間方仙道的金丹術的繼承。

　　魏晉時期的金丹派神仙道教，以「師徒相傳」爲宗教特徵，經書也多以秘密的方式傳授，所以我們可以藉由追索葛洪所授道經的傳承，來了解葛洪的師承。魏晉時期除了北方的天師道，江南吳地也產生了自己的宗教勢力，

〔註106〕《抱朴子‧內篇‧黃白》，卷16，頁286。
〔註107〕陳國符：《道藏源流續考》（台北：明文書局，1983年），頁289～297。

最具代表性的就是葛氏道〔註108〕，或者稱爲金丹派神仙道教。依葛洪在《抱朴子・內篇》的說法，是漢末的左慈，他在〈金丹〉篇中說：

> 昔左元放於天柱山中精思，而神人授之金丹仙經，會漢末亂，不遑合作，而避地來渡江東，志欲投名山以修斯道。余從祖仙公，又從元放受之。凡受《太清丹經》三卷及《九鼎丹經》一卷《金液丹經》一卷。余師鄭君者，則余從祖仙公之弟子也，又於從祖受之，而家貧無用買藥。余親事之，灑掃積久，乃於馬跡山中立壇盟受之，並諸口訣訣之不書者。江東先無此書，書出於左元放，元放以授余從祖，從祖以授鄭君，鄭君以授余，故他道士了無知者也。〔註109〕

從上述說明可以知道，江南的金丹派神仙道教傳承，是從神人→左元放→葛玄→鄭隱→葛洪。在他這一派的傳承中，左慈、從祖葛玄、師父鄭隱都重在傳經、修道、沒有把主要精力放在著述上。只有葛洪文才流暢，從少年起就立志於撰寫子書，在《抱朴子・內篇》中反覆闡述，多方面論證，在道教神仙理論上成一家之言，是三國至晉代神仙道教的集大成的著作。

漢末著名的神仙道士都存有許多道書，例如干吉、帛和、張陵、陰長生、左慈等道教首領，都收藏有一些包括金丹術在內的珍貴道經。依據葛洪《神仙傳》記載張陵「歲學長生之道，得黃帝九鼎丹法」，後來傳弟子王長、趙升；也有提到漢末陰長生從馬鳴生學道，於青城山受《太清神丹經》之事，因此張陵和馬鳴生都在四川傳道，也許彼此間是有關係的。此外在《道藏》中收有《太清金液神丹經》三卷，經文說傳至陰長生，卷上則有正一天師張道陵（即張陵）的序，卷中還附有鄭隱的按語及葛洪對鮑靚遇仙人陰長生受尸解法之事的記載。歸納以上資料可以知道，在左慈之前《九鼎丹經》和《太清丹經》就曾經流傳到張陵、陰長生的手中，他們又傳給了自己的徒弟，直到曹操把原本流散在社會上的神仙道士都集中在許都，給他們製造了拜師傳經的條件，神仙道教金丹派才由此而興。

金丹派的道經，先在漢末方仙道中流傳，後來傳到左慈手中，然後由左慈傳往江南的。左慈所傳的不只有《九鼎丹經》、《太清丹經》等煉丹術著作，

〔註108〕「葛氏道」一詞，是學者福井康順在《葛氏道的研究》中最早使用，請參閱小林正美著、李慶譯：《六朝道教史研究》（四川：人民出版社，2001年），頁36。

〔註109〕《抱朴子・內篇・金丹》，卷4，頁71。

還有《金銀液經》和《黃白中經》等煉金術著作。所以葛洪在〈黃白〉說：

> 余昔從鄭公受九丹及金銀液經，因復求受黃白中經五卷。鄭君言，
> 曾與左君於盧江銅山中試作，皆成也。然而齋潔禁忌之勤苦，與金
> 丹神仙藥無異也。〔註110〕

這就是說葛洪的金丹術，全是由左慈經鄭隱傳授給他的，而且左慈與鄭隱曾經在盧江銅山中試作過，都是成功的。他們所傳授的是煉製金丹大藥的經書和口訣，這樣的金丹道在之前的江東地區是未曾聞見的，即使到了葛洪時，其他的道士對金丹仍是未曾聞見。

雖然漢末時，魏伯陽已在《周易參同契》中對於之前流行的煉丹方術進行過改革，依據學者胡孚琛的考證，他認為魏伯陽用易象描述的煉丹法，即為《九鼎丹經》中的「第一鼎」。〔註111〕早在漢末時陰長生就曾把重要的金丹術經典，傳給了江南的魏伯陽，只是可能魏伯陽怕「洩露天機」殃及子孫的禁忌，所以文字多深奧難懂，沒有被當時多數的道士理解，要等到金丹派神仙道教的葛洪，完成了《抱朴子‧內篇》，才進一步推展了金丹術的發展。

葛洪的神仙道教，除了傳承金丹術經典之外，還傳授了重要符書《三皇內文》、《五岳真形圖》和講變化之術的道經《墨子枕中五行記》。有關這部分，本論文將於第七章再詳細說明。在此處要說明的是，葛洪的《三皇文》除了直接受其師鄭隱之外，據道書記載，他還從他岳父鮑靚處得到了一部與世不同的《三皇文》。因為《三皇文》本有兩種，漢代西城山王君和帛和所得為《小有三皇文》，是由鄭隱託言出自黃帝而傳給葛洪。鮑靚所得的是《大有三皇文》，也傳給了葛洪。〔註112〕鮑靚字太玄，晉懷帝永嘉六年（西元312年）為南海太守，與在廣州羅浮山隱居修道的葛洪互有往來，還將女兒鮑姑嫁給葛洪。鮑靚嘗見仙人陰長生，而獲授道訣和尸姐之法，《雲笈七籤》卷四提到：「以晉元康二年二月二日登嵩山，入石室清齋，忽見古三皇文，皆刻石為字，爾時未有師，靚乃依法以四百尺絹為信，自盟而受，後傳葛稚川。」《雲笈七籤》卷六又說：「鮑君所得石室之文，與世不同，洪或兼受也」。要說明的是在魏晉時期的神仙道教中，因為是士族社會，所以道書在家族和親戚內部流動是很自然的事，葛洪在見到鮑靚前就已經拜鄭隱為師，受丹經、《三皇文》

〔註110〕《抱朴子‧內篇‧黃白》，卷16，頁283。
〔註111〕胡孚琛：〈中國科學史上的《周易參同契》〉《文史哲》，1983年第6期。
〔註112〕陳國符：《道藏源流考》上冊，（台北：明文書局，1983年），頁72～73。

並諸道術,當時的神仙道教最重視「師承道統」,而鮑靚既是葛洪的岳父,二人切磋道術,傳承道書,就不必像葛洪和鄭隱之間那麼慎重地舉行立壇拜師的宗教儀式。所以鮑靚和葛洪都是左慈的傳人,屬於神仙道教中同一個師承系統。晉代神仙道教的教團很多,大者有弟子數百餘人,中等的如鄭隱有弟子五十餘人,小者有十人左右。葛洪拜鄭隱為師,也收弟子傳其道法,葛洪的道團包括子姪輩的家庭成員,如葛望、葛世等,還有其他的弟子如滕升和黃野人等。

(四)著作

葛洪博學多聞,著述豐厚,詞章優美,主要著作除《抱朴子》內篇二十卷外篇五十卷外,尚有《神仙傳》十卷、《隱逸傳》十卷、《金匱藥方》一百卷、《肘後備急方》三卷、及碑誄詩賦雜文等。其他還有許多道教、養生的著作流傳至今:有《漢武帝內傳》一卷、《太清玉碑子》一卷、《還丹肘後訣》一卷、《抱朴子養生論》一卷、《稚川眞人校證術》一卷、《神仙金汋經》一卷、《元始上眞眾仙記》一卷。其中《抱朴子》七十卷這部子書,是他各種重要思想寄託所在,其價值最高,影響最大。《抱朴子·外篇·自敘》云:「其〈內篇〉言神僊、方藥、鬼怪、變化、養生、延年、禳邪、卻禍之事,屬道家。其〈外篇〉言人閒得失,世事臧否,屬儒家。」〔註113〕外篇基本上雖屬於儒家,但間雜有儒、墨、道、法、名諸家思想。

葛洪《抱朴子·內篇》在道教史上具有關鍵性的地位〔註114〕,學者卿希泰云:

> 葛洪是東晉時代著名的道教理論家,在道教思想史上和科學史上都
> 有著極其重要的地位,在道教的開創時期,他是官方道教的理論和
> 儀式的奠基人。〔註115〕

由於葛洪受到道家、兩漢哲學、魏晉玄學的影響,而為道教建立了形上學的理論。學者李豐楙提到:

〔註113〕引自楊明照:《抱朴子外篇校箋》(北京:中華書局,1991年),頁698。是書據「平津館叢書」原刻本為底本點校。

〔註114〕胡孚琛認為:「《抱朴子》為神仙道教奠定理論體系和修鍊方術的重要典籍。」請參見胡孚琛:《魏晉神仙道教——抱朴子內篇研究》(北京:人民出版社,1991年),頁3。

〔註115〕卿希泰:《中國道教思想史綱》(台北:木鐸出版社,1986年),第1卷,頁130。

> 其（葛洪）言玄、言道，則當時道教徒對老子玄道別創新解，藉以
> 構成其仙學體系。……葛洪奠立道教神學體系的基礎，可謂由道家
> 而道教的重要人物。〔註116〕

因此可知《抱朴子‧內篇》的重要價值是建立了現在道教哲學的形上學理論
及闡發了神仙思想的系統。

由此觀之葛洪獨特的宗教主張，即是確信神仙實有的金丹道派神仙道
教。葛洪的《抱朴子‧內篇》首次建立了道教的神仙理論體系，在道教史上
佔有重要地位。其理論包括以玄道為本體、論證神仙實有、強調神仙可得的
自力實踐態度、以金丹為成仙的最佳方式、不偏費其他養生方術、藉眾術共
成長生提倡合修眾術，同時重視修德行善等。神仙道教在魏晉時期，本身也
在不斷變化，初期採取漢代方士間那種秘密傳教方式，後來逐漸轉向小規模
的道團。東晉之後，道教的發展，需要向社會公開佈道的道書，《抱朴子‧內
篇》便是在那個時間問世的。葛洪死後，神仙道教在佛教的刺激下逐步完善
了自己的宗教形式，原本只供個人修仙的道書已不夠用，於是道教中又出現
新的造經高潮，靈寶派和上清派因此而興起。所以葛洪正是處在神仙道教發
展轉折點上的關鍵人物，他的《抱朴子‧內篇》是對秦漢以來方仙道傳統的
總結，並且為魏晉神仙道教向南北朝成熟的教會道教轉化做了準備。到了葛
洪的從孫葛巢甫所述作的葛氏道經典中，葛洪金丹派神仙道教的思想已經受
到天師道、上清派甚至是佛教的影響，而改變了其原先的宗教主張，成為較
為接近天師道思想的道派；甚至到了劉宋末似乎就停止了道派的獨立活動，
而有與天師道合流的傾向。

二、為道者須兼修醫術

醫術是道教傳播的有利工具，同時也是道士養生修行的必要條件，所
以道教的發展是不能沒有醫藥術的。東晉時期的葛洪為神仙道教建立了完
整的神仙理論，它使得道教的基本教義從早期「去亂世、致太平」的救世
學說，發展成為專注於修煉「長生久視」和「度世延年」，這在道教理論發
展史上意義重大。這一轉變的完成，使得長生不死、羽化登仙成為道教的
基本信仰和修煉追求的最終目標。由於魏晉時期神仙道教的形成，促使天

〔註116〕李豐楙：《不死的探求—抱朴子》（台北：時報文化出版公司，1998年），頁
108。

師道〔註117〕和其他道派都向神仙道教轉化和靠攏，本來天師道在張陵初創時就採用了一些神仙方術，魏晉時上層天師道雖然仍重符籙，但是也擴大和發展了其中服餌養性和長生修仙的側面。例如天師道徒王羲之、徐邁共修服食長生之術，採藥不遠千里。從《晉書‧王羲之傳》云：「羲之雅好服食養性，不樂在京師，初渡浙江，便有終焉之志。」可以相互映照。魏晉時期神仙道教的形成，改變了早期道教的發展方向，學者王明認為：「兩晉南北朝的道教，基本上是沿著神仙道教這個趨勢發展，直至唐代，達到了最高峰。」〔註118〕葛洪之前、之後的神仙道教就有不同，本身也有一個發展的過程，上清派和靈寶派都是在葛洪之後出現的。學者王明認為：神仙道教的主要目標是追求長生不死，維護社會上層士族階級的利率；下層的民間道教的活動，崇拜鬼道，企圖解決下層人民的疾苦，為群眾造福，這是根本的區別。

（一）修「仙道」必須通「醫道」

神仙道教的主要目標是追求長生不死，為了達成此一目標，首先就必須要祛病、使人不病，進一步追求延年，然後才是成仙。故《真誥》有說：

> 夫學生之道，當先治病，不使體有虛邪及血少腦減，津液穢滯也。

> 不先治病，雖服食行炁無益於身。〔註119〕

從上述可以知道，醫藥的作用先在於治病，然後防病，才能延年長生，所以掌握一定的醫藥知識和技能方術，是每一個道徒進行「自救」和「濟人」的基礎和前提，所以才會有修「仙道」必須通「醫道」。葛洪也是如此認為，因此在《抱朴子‧內篇》說：

> 若夫仙人，以藥物養身，以術數延命，使內疾不生，外患不入，雖久視不死，而舊身不改，苟有其道，無以為難也。而淺識之徒，拘俗守常，鹹曰世間不見仙人，便云天下必無此事。夫目之所曾見，當何足言哉？天地之間，無外之大，其中殊奇，豈遽有限，詣老戴天，而無知其上，終身履地，而莫識其下。形骸己所自有也，而莫知其心志之所以然焉。壽命在我者也，而莫知其脩短之能至焉。〔註120〕

〔註117〕「天師道」一詞，本是張陵教團的自稱，「五斗米道」則是漢末社會上對三張之教的俗稱，社會上至魏晉時天師道之名才開始顯著，五斗米道的稱號就漸不復用了。

〔註118〕王明：〈中國道教史序〉《世界宗教研究》，1987 年第 3 期。

〔註119〕《真誥》卷十《道藏》第二十冊，頁 551。

〔註120〕《抱朴子‧內篇‧論仙》，卷 2，頁 14～15。

葛洪認為每個人的壽命長短，是可以操之在自己的；並且說明了確實可行的實踐工夫，就是對身體內部採取「藥物養身」，即使用藥物來治療疾病，進一步改善身體狀況，以達到「內疾不生」；對身體外部採用「術數延命」，即使用各種方術來消災解厄，以達到「外患不入」的境界，這樣就可以像仙人一樣長生久視。

其次葛洪認為，道士掌握醫術，不僅能自救，延年益壽，而且還能濟世助人，可以說是一舉兩得，並且又可以立上功。在《抱朴子‧內篇》說：

> 或問曰：「為道者當先立功德，審然否？」抱朴子答曰：「有之。按玉鈐經中篇云，立功為上，除過次之。為道者以救人危使免禍，護人疾病，令不枉死，為上功也。欲求仙者，要當以忠孝和順仁信為本。若德行不修，而但務方術，皆不得長生也。〔註121〕

葛洪認為為道之人，應當要累功積德、濟世利人，所以引用仙經之言來說明，道士在行醫濟世過程中，若能救人於危病，使其不枉死，則是立了上功，所以不可以輕視醫藥的重要性。道教本著「內修金丹，外修道德」的宗教倫理實踐要求，認為行醫施藥是一種濟世利人的「上功」與「大德」，也是長生的一種先決條件，即葛洪所說的「欲求仙者，要當以忠孝和順仁信為本。若德行不修，而但務方術，也不得長生也」。

道士習醫，也是為了修道中維護健康。葛洪認為修道者所居為人間，難免會有各種災禍及病患，因此必須懂得並且學會治病，才能自救與救人，所以不可以輕視醫藥的重要性，因此提出：

> 是故古之初為道者，莫不兼修醫術，以救近禍焉。凡庸道士，不識此理，恃其所聞者，大至不關治病之方。又不能絕俗幽居，專行內事，以卻病痛，病痛及己，無以攻療，乃更不如凡人之專湯藥者。〔註122〕

葛洪主張道、醫必須兼習，才能保健醫療，自救與救人，以利修煉。所以明確提出「為道者必須兼修醫術」的主張，亦即以醫術來救養生的不足，因為當養生方法未能熟練掌握而導致疾病時，就可以用自己的醫術來救治自己。「以醫學補養生」，一方面有其非常實用的一面，另一方面因為養生和醫學所依據的理論是相通的，例如經絡學說、臟腑學說、陰陽學說都是中國傳統醫

〔註121〕《抱朴子‧內篇‧對俗》，卷3，頁53。
〔註122〕《抱朴子‧內篇‧道意》，卷9，頁172。

學的基礎理論，差別在於側重點不同，「養生」專注於「爭取協調」，而「醫學」專注於「調整不協調」。從知識結構上來看，知道怎樣不調，就可以更好協調自身陰陽臟腑，而不通醫學，只一味追求自身健康、陰陽和順，在出現偏差時，就沒有應有的警惕和注意。

若道士不懂得醫藥，專務方術，就是平庸道士了，更談不上「長生」，這對推動道教與醫學關係的發展意義深遠。葛洪還嚴屬批評了那些「不能修療病之術」的種種妖道和巫卜之人，他認為：

> 俗所謂道，率皆妖偽，轉相誑惑，久而彌甚，既不能修療病之術，又不能返其大迷，不務藥石之救，惟專祝祭之謬，祈禱無已，問卜不倦，巫祝小人，妄說禍祟，疾病危急。〔註123〕

從上述說明可知，他對民間的符水妖道的抨擊就是他們「進不以延年益壽為務，退不以消災治病為業」，不能修療病之術，不務藥石之救，不能返其大迷，只執著於祝祭、祈禱、問卜等，根本本末倒置，才會被斥為妖道。這是葛洪做為精通醫藥的道士，反對妖道和巫卜之人坑害人民的正義之聲。接著葛洪又從實際的歷史中舉例為證，他說：

> 曩者有張角柳根王歆李申之徒，或稱千歲，假託小術，坐在立亡，變形易貌，誑眩黎庶，糾合群愚，進不以延年益壽為務，退不以消災治病為業，遂以招集奸黨，稱合逆亂，不純自伏其辜，或至殘滅良人，或欺誘百姓，以規財利……又諸妖道百餘種，皆煞生血食，獨有李家道無為為小差。然雖不屠宰，每供福食，無有限劑，市買所具，務於豐泰，精鮮之物，不得不買，或數十人廚，費亦多矣，復未純為清省也，亦皆宜在禁絕之列。〔註124〕

這是對異己教派活動採取嚴屬的取締手段，早期道教各個派別的主張和活動內容是很混亂的，所以一些有影響的道教徒特別強調要區別「真道」和「偽文」、「偽技」，學道之人，「真道」和「偽文」、「偽技」必須嚴格加以區別，不容混淆。對於這種排他性的思想和舉動，在葛洪的神仙道教中，可以明顯看出來，他主張對民間道教諸派別的社會政治活動，應當消滅和禁絕。

早期道教派別眾多，對方術應用的輕重，往往代表自家派別的中心思想和特色。所以葛洪從道教義理的角度和層次上，深刻說明了醫藥在長生成仙、

〔註123〕《抱朴子‧內篇‧道意》，卷9，頁173。
〔註124〕《抱朴子‧內篇‧道意》，卷9，頁173。

濟世救人的修道實踐活動中的重要意義，明確提出爲道之人必須兼修醫術的主張，得到道門中人普遍的認同，並且身體力行，他本人精研醫術，編《肘後備集方》三卷，成爲古代重要的醫家方書，是道教醫學與中國傳統醫學在理論發展中相互滲透。

（二）「簡便、廉驗、救急、實用」的治療學思想

葛洪重視醫藥知識，所以他的相關著作甚多，除了專述養生服食的方法外，其中醫學價值最高的首推《金匱玉函方》一百卷、《肘后備急方》三卷，現在僅存《肘后備急方》一書。依據《晉書‧葛洪傳》，《玉函方》又稱爲《金匱藥方》。《玉函方》雖然已經失傳，但是從《抱朴子‧內篇‧雜應》中的自述，我們仍然能得知這一醫書的主旨：

> 余見戴霸華他所集金匱綠囊崔中書黃素方及百家雜方五百許卷。甘胡呂傳周始甘唐通阮南河等，各撰集暴卒備急方，或一百十，或九十四，或八十五，或四十六，世人皆爲精悉，不可加也。余究而觀之，殊多不備，諸急病甚尚未盡，又渾漫雜錯，無其條貫，有所尋按，不即可得。而治卒暴之候，皆用貴藥，動數十種，自非富室而居京都者，不能素儲，不可卒辦也。又多令人以針治病，其灸法又不明處所分寸，而但說身中孔穴榮輸之名。自非舊醫備覽明堂流註偃側圖者，安能曉之哉？余所撰百卷，名曰玉函方，皆分別病名，以類相續，不相雜錯，其救卒參卷，皆單行徑易，約而易驗，籬陌之間，顧眄皆藥，眾急之病，無不畢備，家有此方，可不用醫。醫多承襲世業，有名無實，但養虛聲，以圖財利。寒白退士，所不得使，使之者乃多誤人，未若自閑其要，勝於所迎無知之醫。醫又不可卒得，得又不肯即爲人使，使腠理之微疾，成膏肓之深禍，乃至不救。且暴急之病，而遠行借問，率多枉死矣。〔註125〕

從上述說明中可以知道《玉函方》一百卷的寫作動機，及其與《肘后備急方》三卷的關係。所以《肘后備急方》乃是《玉函方》的簡要本。同時葛洪提出了一個重要的醫學思想，即醫生處方用藥要以「價廉、簡便、靈驗」爲原則，選擇和實施醫療措施要力求「救急、方便、實用」的臨床治療學思想。這一臨床治療學思想，是以葛洪爲代表的道教醫家在繼承《黃帝內經》、《傷寒雜

〔註125〕《抱朴子‧內篇‧雜應》，卷 15，頁 272。

病論》所奠定的一些治療學原則,例如辨證論治、調整陰陽、扶正袪邪、因勢利導等原則基礎之上,在長期濟世行醫實踐活動中所形成的。此思想也豐富了中國傳統醫學的治療學思想。

中國傳統醫學的辨證論治認為,只要根據病情的性質、病變的部位和證候的輕重、緩急,制定並採取合適的具體治療原則、方法,便能取得滿意的效果。但是葛洪在行醫施藥的過程中,發現當時的醫家診病用藥,抓不住主要症狀,又喜用貴重藥品,以致誤人無數。所以提出醫生處方用藥應以「價廉、簡便、靈驗」為標準,基於這種醫學思想,他在《肘後備集方》一書中所選用的方藥,多為民間常用的單方、驗方,藥味簡單且便於採用。為了方便人們在患病和治療病患時,能迅速地查閱醫書,以備臨床診斷和治療的需要,《肘後備集方》一書的體例,類似現代醫學的急症臨床手冊和驗方匯編。葛洪在書中對各種急性傳染病、人體各器官的急慢性病症,都以簡明扼要的形式,記載其症狀和病源,詳列方藥和治法於其後。

他還在書中介紹了許多簡單易行的「外治法」,如針法、灸法、角法(拔罐)、推拿、畜鼻、熱熨、蠟療等;文字通俗,敘述簡練,所列針灸法不記穴位名稱,只談分寸,一般水準不高者也能掌握,實用性極強。書中介紹的簡易救濟法,對於治療中風、心痛、尸厥、食物中毒、蟲蛇咬傷等,行之有效。值得一提的是,葛洪的《肘後備集方》還有很多創新之處:他用水銀製劑治療水腫、惡瘡,用青蒿汁治療瘧疾等,是當時中醫藥領域的創見。對於天花病、恙蟲病、結核病等做了世界上最早的記錄,還提出了「以毒攻毒」的治療方法,用含有狂犬病毒的犬腦預防接種,是世界上治療狂犬病的先驅。〔註126〕

葛洪從道教義理的角度和層次上,深刻說明了醫藥在長生成仙、濟世救人的修道實踐活動中的重要意義,明確提出為道之人必須兼修醫術的主張,得到道門中人普遍的認同,並且身體力行,他本人精研醫術,編《肘後備集方》三卷,有極強的實用性和可操作性,並且貫徹體現了他所提出「簡便、廉驗、救急、實用」的治療學思想,成為古代重要的醫家方書,同時也是道教醫學與中國傳統醫學在理論發展中的相互滲透。

〔註126〕吳學宗、王麗英:〈從葛洪著述管窺葛洪的道教醫學思想〉《廣州社會主義學院學報》,2009 年第 3 期,頁 56～58。

第五節 小 結

　　道教醫學肇始於漢末，可以說是宗教與科學奇特結合的產物。道教的宗教訴求，不論是長生還是度人，都離不開醫術和方藥。道教醫學出於宗教信仰和不死的需要，「以醫傳教」、「借醫弘道」，不斷「援醫入道」。所以在中國一千多年的歷史發展中，道教醫學和中國傳統醫學之間形成了一個互融互攝、相互促動的雙向作用機制。因此我們可以說道教醫學是由巫醫演化到方士醫，再由方士醫演化到道醫。

　　巫術醫療是一種神祕而獨特的精神療法，是建立在精神性的觀念信仰上，有其自成系統的宇宙觀、靈魂觀與生命觀。不單是外在的具體行為與手段，其中有著豐富的觀念系統與思想體系；學者林河主張巫文化是中華文明重要的基因庫，他認為巫文化是人類數十萬年所創造的文化總和，尤其在觀念與思想上有著一脈相承的連續性，古老的宇宙觀是早期人們對宇宙認知的總概括，其深層的思維模式影響到後代天人合一的哲學發展。醫、道同源，不僅表現在原始巫術文化之中，更充分體現在先秦時期醫與道以共同的哲學觀念為指導思想。漢代道教創興之後，古代巫術中的許多法術就為道教所吸收，巫術治病之術，成為道教龐雜的道術體系中的一個重要組成部分。所以道教醫學的符咒治病術與巫術醫學存在淵源關係，其巫醫色彩相當濃厚，可以視為原始巫術醫學在道教中的繼續和發展，在道教醫學中可以清楚看到中國連續型文明的意義。

　　巫術醫學是中國傳統醫學和道教醫學的最初源頭，秦漢時期在方仙道、黃老道氛圍下所出現的方士醫學，則是道教醫學產生的前身。《黃帝內經》一方面代表醫術與巫術的分流，醫術可以獨立出來自成完整系統，總結已有的醫藥知識與臨床經驗，配合傳統人體與自然相感應的宇宙觀念，以完善的陰陽五行等氣化理論，建構出龐大的醫學體系。另一方面擴充了巫術醫療的觀念體系，增強巫術醫療的生理與病理的理論，提高其說服力與有效性，讓人們相信人體與天地鬼神的內在聯繫關係，對後來道教醫學體系的建構與完成，影響深遠。基本上還是延續著巫術醫療的文化理論而來，是信仰觀念的具體實踐，傳達了人與天地鬼神相結合的神聖目的。方仙道的方術，大致分為行氣、藥餌與寶精這三大派別。方士醫學的內涵包括導引行氣、卻穀食氣、房中養生、服食煉養。道教醫學養生術包括的內修與外養，早在方士醫學中就已經出現，當道教出現後，再結合道教教義，發展成為更精緻、有系統的

修仙模式。故方士醫學可以視爲道教與中國傳統醫學發生相互影響和作用關係的前奏。

　　葛洪的《抱朴子‧內篇》可以說是爲神仙道教奠定理論體系和修煉方術的重要典籍。葛洪爲神仙道教建立了完整的神仙理論，使得長生不死、羽化登仙成爲道教的基本信仰和修煉追求的最終目標。葛洪主張道、醫必須兼習，才能保健醫療，自救與救人，以利修煉。所以明確提出「爲道者必須兼修醫術」的主張，以醫術來救養生的不足，因爲當養生方法未能熟練掌握而導致疾病時，就可以用自己的醫術來救治自己。「以醫學補養生」，一方面有其非常實用的一面，另一方面因爲養生和醫學所依據的理論是相通的，例如經絡學說、臟腑學說、陰陽學說都是中國傳統醫學的基礎理論，差別在於側重點不同，「養生」專注於「爭取協調」，而「醫學」專注於「調整不協調」。從知識結構上來看，知道怎樣不調，就可以更好協調自身陰陽臟腑，而不通醫學，只一味追求自身健康、陰陽和順，在出現偏差時，就沒有應有的警惕和注意。若道士不懂得醫藥，專務方術，就是平庸道士了，更談不上「長生」，這對推動道教與醫學關係的發展意義深遠。他本人精研醫術，編《肘後備急方》三卷，成爲古代重要的醫家方書，是道教醫學與中國傳統醫學在理論發展中相互滲透。

　　道教醫學本質上是屬於宗教醫學，延續著古代巫術的宇宙論，主管奠基於巫術醫療，傳達其「以醫傳教」與「借醫弘道」的宗教目的。道教根據陰陽五行等氣化宇宙論發展而成的宗教，是以「道」作爲最高的信仰，追求生命的「長生不死」，與到和合就可以成仙，這代表了生命的無限突破。道教醫學在協助人們化解疾病災厄，能夠強身健體，進而能繼續養生內修，在導引行氣下達到修心養神的境界，如此一來求仙可成。一般民眾則以養生防病爲主，將道教醫療運用於身體的治病與康復上，以追求攝生延年的實際效益。

第三章 《抱朴子・內篇》的生命醫療觀

　　人類文明是人們在求生的過程中，經過數十萬年集體自發性的創造，反映出長期生命活動中的存有願望，於是產生了人與自然相互依存的生命觀。在史前時代的原始社會裡，人們已經形成豐富的生命觀；進入到有文字記載信史時代的人文社會，依舊傳承著古老的生命觀，延續著人與宇宙一體化的信仰觀念。在有限的生存時空中，建立起永恆的精神世界，體悟到人的生命有著與天地相互融合的內在性與創造性，是超越自身生物本能的精神性存有。

　　道教的生命醫療觀，是承續巫醫同源時期形上的生命關懷，巫醫共構的宇宙圖式指的就是「天地人鬼神五位一體」的宇宙圖式，就其文化內涵來說：是延續了原始社會通天地事鬼神的需求，而發展出一套完整「天人合一」的人文精神世界。認為天地人、人鬼神是可以彼此相互感通的。這種宇宙圖式的中心，就在於人與天地，人與鬼神的交通上，人是宇宙的主體，顯示人的生命不單是生物性的個體，而是與宇宙存在著全息對應的關係，相信人與天地鬼神確實有著相互交通的共性。

　　如此精神性的生命觀，是經過世代傳承、長期累積而成的集體觀念與實踐活動，肯定人性是可以會通於宇宙的超越性與永恆性。「得道成仙」雖源自於古老的神仙神話傳說，後來卻成為道教獨特的信仰目標，同時也是葛洪《抱朴子・內篇》生命醫療觀的核心思想，神仙就是肯定生命是可以超越死亡而永恆不朽的。凡人經由修道的各種歷程，即「內養生命的提昇」，或經由外服金丹大藥，直接進行「靈性的治療」，便可以進入超越界的神仙世界，那是代表「終極生命」的世界。在此神仙世界中，所展現的是以生命為中心的宇宙觀，及以價值為中心的人生觀，它統合了人的精神性存在與價值。

第一節　巫醫同源的生命醫療觀

對於生命內涵的認知與理解，早在史前時代的原始社會中就已存在，在語言思維與圖象思維中，即已肯定了人是文化的主體，能在自然環境中創造出賴以生存的價值觀念與文化模式，確立了人對應自然的宇宙觀念，以及生命終極安頓的存在形式。包含著人與天地的自然關係和人與鬼神的超自然關係，認爲人的生命不單是肉體的有限形式，還能在心靈上與天地萬物相互感通與並生，是混同於自然的生存情境之中，進而也能與超自然的鬼神相互感通。這種原始思維的生命觀進入到有文字記載信史時代的人文社會後，並沒有消失，反而融入於各種文化形式之中，成爲深層的精神體系與思維模式。

一、巫術與醫術的共同性

巫術與醫術都是來自早期人們現實生活中最基本的文化需求，將生理現象與精神追求雜揉在一起，以自我心靈的體驗來探索生命存有的奧祕，在生存經驗的累積與創造之下，豐富了心理的精神活動，並且指導著現實的物質生活。在世代經驗傳承之下，對個體與群體之間生死相依的生命現象，發展出各種對應的觀念與行爲，聯結個體與個體之間的共有生活模式，以及追求人與天地宇宙相互交感的自身實現價值。

巫術與醫術都是人類古老的文化遺產，累積了長期以來人們對生命存有的經驗與對應的技術。巫術與醫術來自人們適應外在環境，在自我心靈的體驗與感知之下，發展出來的生命觀念與反映行爲。這種行爲技術，從現代科學的立場來看，或許是荒謬、迷信而不成熟，但是細究其背後的觀念系統來看，反映人類生命探索下最早期的文化智慧型態，都是來自對應人類生命的生死存有而產生的對應法則與技術。此二者的思維方式與行爲模式，是屬於意識活動的精神創造，經由漫長的發展過程而逐漸成型，有其自成系統的信念與思想體系。

人類的物質文明雖然不斷地快速更新，但是中國文化的精神文明卻能綿延流長，心靈的思維模式顯示自我意識下的精神活動，具有深層的生命力，在思維的凝聚與創造之下，經由知覺與經驗累積出龐大的觀念體系與知識體系。從文化內涵來說，古代的宇宙觀念是一脈相傳的，學者張光直在〈連續與破裂──個文明起源新說的草稿〉一文中指出：

> 人類文明的兩種走向，一種是破裂性形態，或稱爲突破性形態，是
> 指人類在文明成長的過程中，創造出新環境來隔離掉原始的自然環
> 境，與人類所共有的基層文化，形成破裂的關係，以西方文明爲主
> 要代表。另一方種稱爲連續性文明，是非西方式的文明，或稱爲世
> 界式的文明，其特徵是連續性、整體性與動力性，是以原始社會廣
> 泛出現的人類世界觀爲基礎所開展而成的文明社會，仍然連續著原
> 始巫術性的宇宙觀。〔註1〕

此說法中國文化重要特徵是連續性的，顯示中國精神文明的起源相當古老，
在史前時代即已確立人類心靈與外在宇宙的對應關係，關注人與天地的自然
秩序，以及人與鬼神的超自然秩序。由此觀之早期人類面對個體生命時，在
緊扣生物本能的存有動機與要求之時，也同時開啓了心靈的精神性作用，有
許多追尋超越自身的努力與結果，並且肯定生命的形式是超出肉體的物質領
域，還需要進入到目的存在、價值存在與超越存在的精神領袖之中。〔註2〕

巫術與醫術的共同性，在於二者都是早期人類思維模式的文化現象，是
建立在以人作爲主體的生命關懷上，是從人與自然的神聖交感去對治各種生
存的疾病挑戰，從而擴大了對自然現象與生命的了解。是經過現實反覆實踐、
反覆檢驗而來的觀念與行爲，所形成集體共同制約與規範的社會活動。

古代社會巫術與醫術的關係相當密切，長期並用因而發展出融會貫通的
宇宙觀與生命觀，因爲早期原始思維是屬於物我不分、主客互滲的思維模式，
因此將對生命解析與對宇宙體驗等合二爲一。中國文化下的宗教與哲學一直
是彼此緊密聯繫的，在宇宙論上經常會相互會通，可以這麼說：哲學的宇宙
論是延續了史前時代原始宗教的「靈感思維」而來，信史時代的文明社會人
文宗教則是採用了哲學的宇宙論來擴充其形而上的內涵。雖然自秦漢以來，
巫術與醫學分道，但二者之間仍然具有連續關係，依存在傳統的宇宙觀與生
命觀下，將人的生命投射在宇宙的存在與變化的規律中，重視精神心理與肉
體形骸的內在關連，深信天人之間相互感應的運行秩序。

在庶民百姓階層流傳的文化風尚與習俗，是人們面對身體健康、疾病與
生死等觀念與操作，時常混合巫術與醫術，顯示出在疾病與生死的醫療領域

〔註1〕張光直：〈連續與破裂——一個文明起源新說的草稿〉《美術‧神話與祭祀》（台
北：稻香出版社，1993 年），頁 149。
〔註2〕馮天策：《信仰導論》（廣西西寧：廣西人民出版社，1992 年），頁 105。

中，巫風與巫術一直有利於繁生的適宜氣候。〔註3〕由此可知巫術與醫術在生命領域中保留著相當程度的重疊關係，從物質層面進入精神層面，幫助了人們克服有限存在的束縛，在追求無限的心理願望下，渴望能排除生死的困境，從而獲得精神鼓舞與精神實現。

二、巫醫同源共軌的現象

我們從早期人類的原始思維以及文明社會的人文思維的模式，進行理論的分析，來了解人類對自我生命的理解過程，探討人如何在現實的自然世界之中，建構出觀念性的精神世界，超越外在的物質環境發展出優化的生存時空。在這種求優的強烈意圖與具體實踐之下，人類肯定「本善人性」是主宰與支配生命的主體存有，此「本善人性」稱為「靈魂」或「靈性」，既是內在於人的精神性實體，又是相通於天地萬物的存有之理，發展出最早的原始宗教文化，教導人們如何經由與超自然力量的溝通方式來安身立命，進一步提高自我的精神能量與生命境界。

（一）原始宗教的生命觀

原始思維是人文思維的源頭，最大的特徵是「主客不分」，是以人自我心理感知為核心去認知外在的世界，以主體的感覺、知覺、記憶、情緒、欲望、體驗、意志等來直接感受外物的存有。所以在原始社會裏，人們是以自身直感來理解外在的世界，透過心靈的直接感受來思考與認識萬物，體會到萬有世界也是充滿生命力的存有。學者苗啓明認為：

> 這種原始思維或者可以稱為「感性直覺思維」，在實有的世界下，形成觀念性的靈魂世界，認為人的實存世界與觀念的靈魂世界相互滲透，彼此有著物我一體的混同感受，強化此一觀念性的靈魂生命在人類實存世界的精神性價值。〔註4〕

當實有生命的人，意識到萬物是有靈性的，屬於觀念性的靈魂生命世界，二者間是可以互滲、靈實感應，於是人們產生「泛靈」的觀念，自然地會沿著此一觀念去理解、思索與把握世界。於是產生了人的靈性、以及超自然的靈性包括：精靈、鬼靈與神靈等認知，相信這些超自然的靈性生命，能主宰與

〔註3〕何裕民、張曄：《走出巫術叢林的中醫》（上海：文匯出版社，1994年），頁264。

〔註4〕苗啓明：《原始思維》（上海：上海人民出版社，1993年），頁41。

操控一切有形的萬有世界，並且支配著人與自然的吉凶禍福，形成了豐富的靈性生命文化內涵。

人的實有生命與觀念的靈魂生命不是相互對立的，彼此間有著相通與對應的關係，形成了靈實相互結合與感應的世界。在原始社會裏，靈的觀念系統成為人們思維活動的核心，又可稱為「靈實相關思維」。所謂「靈實相關思維」，是指思維主體的人不僅建構了觀念的靈世界，進而相信靈世界與人的實存界有著互動的連接關係，同時強化了靈世界對人世界的利害報應關係，意識到精靈、鬼靈等惡靈會到人間作祟，造成疾病、死亡與不幸的事件發生。同時也意識到神靈、祖靈等善靈的存有，以其超自然力來護衛人間的吉凶禍福。在趨吉避凶的利害心理之下，人們渴望能躲避惡靈與親近善靈，人的實存界仰賴著靈世界的護佑與保障，進而產生對靈世界的景仰與崇奉。

原始思維後期，「靈實相關思維」已經非常發達與豐富，產生各種與靈世界交感的技術與方法，並且透過與靈世界的相互交感溝通，來維繫人在實存界的平安與和諧，此時期的思維可以稱為「神話思維」或「靈感思維」。所謂「神話思維」，是指擴大對靈世界的理解與表述能力，以實存界的生活方式與生命體驗，創造出更多采多姿的靈世界，傳達人們對超自然力的嚮往與追求之情，能運用語言來強化對靈世界的認識活動與思維活動。各種神話的編織與流傳，顯示出人的實存界與靈世界之間的互動更為頻繁與熱絡，以超現實的神話來滿足實際生活中的需求與願望，拉近了神靈世界與人間世界的互動網絡，提昇了對靈世界的抽象思維能力。〔註5〕

「靈感思維」是比「神話思維」更具體的語言與行為的表現，是指在思維過程中深化了人與靈世界能夠相通、相交與相感的認知，肯定人與靈是可以直接相互感應，或者經由通靈之人、通靈之物與通靈之術等媒介，可以引進神靈的超自然力量來保障人的生存與活動。所謂「靈感思維」是指人強化了對靈世界的思維活動與信仰情感，肯定靈世界具有主宰宇宙的生命能量，人可以經由與這種生命能量的相互感應與交通，來提昇自我的生命認知與生存能力，或以此靈力來化解各種生活的災厄與危難。所以它不單是觀念的認知，還產生積極應對的通靈行為，在具體交感的操作過程中，能將人們的願望與敬意傳達給神靈，以神靈的超自然力來護持人間。〔註6〕

〔註5〕屈育德：〈神話創造的思維活動〉收錄於劉魁立、馬昌儀、程薔編：《神話新論》（上海：上海文藝出版社，1987年），頁28。

〔註6〕朱存民：《靈感思維與原始文化》（上海：學林出版社，1995年），頁150。

「神話思維」或「靈感思維」是屬於觀念性的精神活動，並且使先民產生外化的行爲與集體的實踐，產生了人類最早的宗教形態，學者定名爲「史前宗教」或「原始宗教」。〔註7〕承認原始宗教是人類精神文明的出發點，將人的生命提昇到靈的超越境界之中，如此的生命觀確立了「人性本善」的基本原則。在原始宗教發展過程中，雖然不斷提高神靈的崇高的位置，但是先民也打破與自然的渾沌關係，深化對自我生命的認識。當人們在膜拜與敬仰神靈的同時，也逐漸產生自我的確認感，形成強烈的自我意識，〔註8〕重視人自身實存的生命需求與意志活動。人可以經由這種生命能量的交感，來提昇自我的生命認知與生存能力，肯定了人具有與靈世界交感來維持宇宙秩序的求優能力。

原始宗教要實現的是人的實存界與天地鬼神等靈世界之間的相互和諧，各種崇拜活動是建立在滿足自身需求的生活實踐，環繞在以人爲主體的觀念建構與行爲策略。在宗教信仰的儀式過程中，不斷地提昇自我求美、求眞與求善的生命德性。「求美」來自人類審美意識的展現，美化實存界的物質形態來相應於靈世界，從而發展出人類最早的藝術活動。例如對神靈的頂禮與膜拜，就是最原始的藝術，後來累積出繁複的祭典禮儀與華麗的祭壇；在這些符號的藝術形式之下，傳達人們追求精神優化的生命實踐與精緻化自身的生存環境。「求眞」是深化自我靈性的感受，將人的生命提昇到與神靈等同的存有境界，彼此互通，共同領悟到終極的神聖體驗天人合一的境界。原始宗教對神靈的崇拜活動與祭祀儀式，不單祈求神靈的保護，還要與神靈象徵的超自然力相交感，來維持天地的秩序與宇宙的和諧，開啓自我靈性的永恆價值。所以人是企圖經由相應的行爲與儀式，來體現自我的生命作用，在優化的生存環境中更能貼近人性與人情。

「求善」是將神人交通各種禮儀行爲導向人性道德的至善，建立起人與神靈相通的生命情操。在原始宗教裏鬼靈與神靈對人的作用是不相同的，神靈則是有利的靈體，會護佑人們的生態環境，代表著「善」的庇佑與護持，能福佑子孫，代來平安吉利。鬼靈是有害的靈體，會危害人們的生存秩序，代表著「惡」的冤煞與災害，能降禍子孫，因此人們對這些靈體有了吉凶與利害的區分。儀式的操作行爲傳達了趨善（神靈）避惡（鬼靈）的人性需求，顯示出人性是「趨

〔註7〕張永釗等編譯：《原始宗教》（新鄉：河南人民出版社，1990年），頁121。
〔註8〕易中天：《藝術人類學》（上海：上海文藝出版社，1992年），頁73。

近於善」。此外人們也經由儀式引進神靈之力來驅逐對治鬼靈，即是「以靈治靈」或稱爲「以神治鬼」，引起神靈之力來驅逐鬼靈，重建和諧的生存環境。這顯示人性是朝「去惡從善」的方向來圓滿自我的生命，可說是以信仰的情操來領悟宇宙存有的法則，排除掉各種造成失序無常的惡。〔註9〕

原始宗教的生命觀，已經確立了「人性本善」的基本原則，將生命的意義與道德價值結合起來，追求自我實現的永恆意義，重視人的生命能否相應於宇宙規律，所以是以感性的直覺去體會和把握天地萬物的生命節律，認爲生與死是可以相互溝通與融合，重點是能否眞確的把握生命本質，在有限的生活情境中來超越死亡。原始社會人的生命觀是建立在靈魂的精神實踐上，著重在人靈與神靈互通的超越境界，經由神話將人間擴展到神界，也將神界落實在人間，人靈與神靈之間是互爲一體的，人可以經由交通神靈的靈力，來實現自己的意志與願望。所以人們對於生命的關懷不在於有形的肉體上，而是重視在與神性或人性相通的精神性靈魂，這是直接從靈魂的相互感通，來實現自我生存的保障。

（二）巫醫同源

巫術是人類最早成套的精神活動，建立在以「人」作爲主體的思維活動上，發展出「自然人化」的生命觀，所謂「自然人化」的生命觀，就是從人的生命觀點，將天地萬物都加以人格化，認爲天地萬物是與人一樣，形成萬物有生、萬物有行、萬物有情的世界觀，故而人與自然是共同處在相似生命化、活動化、情意化、價值化的世界中。〔註10〕在人與自然感受同一的原始思維之下，產生了泛靈的信仰觀念，作爲人的精神存在依據。所謂「泛靈觀」，又稱爲萬物有靈觀，早期人們確信一切的自然物都是混然有靈，進一步在人的實有生命形態上，建構出超自然的靈體世界，這種靈體是超出事物的自然屬性而具有強大的生命力量，這種靈體與人有著親近或是敵對、友好或反感等關係，會對人生殺予奪，可以爲人帶來吉凶禍福。因此人們面對此種強大的超自然力量時，產生交通靈體來乞求福祉的願望，以及控制厭勝靈體來趨吉避凶的行爲方法。

〔註9〕德日進（Teillard de Chardin, S.J.）著、李弘棋譯：《人的現象》（台北：聯經出版事業公司，1983年），頁260。
〔註10〕苗啓明、溫益群：《原始社會的精神歷史架構》（雲南昆明：雲南人民出版社，1993年），頁74。

　　所謂「巫醫同源」，是指巫術與醫術都來自於古老的原始文化，是早期
人類的思維模式，早期人類意識到人類生存的自然環境到處存在著超自然
的靈性力量，這種靈性力量是可以支配人們生死的關鍵，也是導致疾病的
原因。〔註11〕人所面對的天地萬物都是具有靈性，有著不同善惡的對應關
係，其中有散播疾病的精怪鬼魅，同時也有各種庇護眾生的靈神。〔註12〕
這種鬼神意識是傳承自原始社會古老宗教信仰下的深層精神活動，是以人
作為主體來尋求鬼神世界的允諾與襄助，來安頓現實生活中的生、死、老、
病等存在需要，人與超自然的交往，正是人們自身的生存基礎與生存活動
本身。

　　原始社會有其自成系統的病因觀念，以巫術與醫術並用的方式來對治
疾病，所以二者在原始社會中是密切相關，彼此有著緊密的內在聯繫，積
累長期傳承的神聖文化與治療經驗，是建立在人神交通的靈感思維上，認
為超自然的精怪屬鬼是引起疾病的原因，因而發展出各種驅除病魔與疫鬼
的方法和技術，來達到驅魔、健身與治病的生存目的。這些生存的技術，
反映人類早期靈感思維下的宇宙觀與生命觀；是經過相當漫長生存方式的
經驗累積與運用，巫術與醫術原始的操作實踐工夫，不是屬於科學的範疇，
而是奠基於迄今尚未被人們完全認識的超自然力量，顯示人類精神活動下
的文化景觀。

　　在「感受同一」的靈感思維下，人與靈體世界的交通，原本是混然為一，
彼此的靈性可以互相的滲透與交感，所以人的靈性與靈體世界的靈性是隨時
可以相應相通的，人與自然、超自然的世界是渾然一體，處在互生與互動的
關係。但是在歷史發展過程中，這種物我不分的思維有了變化，人們開始意
識到人與靈體是二分的世界，此時人與靈體不再是隨時可以相互交往，這中
間需要透過媒介，要經由某些特別靈感的神聖人物，以巫術交感的方式來向
靈體乞請以求靈驗，或是除災驅魔、為人們排憂解難。這種思維的轉變，我
們可以從《尚書‧呂刑》中看到：

> 苗民弗用靈，制以刑，惟作五虐之刑曰法。殺戮無辜，爰始淫為劓、
> 刵、椓、黥。越茲麗刑並制，罔差有辭。民興胥漸，泯泯棼棼，罔
> 中于信，以覆詛盟。虐威庶戮，方告無辜于上。上帝監民，罔有馨

〔註11〕朱存民：《靈感思維與原始文化》（上海：學林出版社，1995 年），頁 329。
〔註12〕何星亮：《中國自然神與自然崇拜》（上海：三聯書店，1992 年），頁 35。

香德，刑發聞惟腥。皇帝哀矜庶戮之不辜，報虐以威，遏絕苗民，

無世在下。乃命重、黎，絕地天通，罔有降格。〔註13〕

這是中國有名的「絕地天通」神話，由於人間的混亂，導致上帝的震怒，於是將天人之間的通路加以隔絕，從此神不再降臨人間，人也無法上通於天了。「絕地天通」神話將天地隔離、人神分開，這樣分離讓人的靈性，也就無法再與天地神等靈性相通，不能在溝通神意以實現人的願望。這種遺憾必須經由某些特殊的人物，來作爲溝通的橋樑，仰賴「巫」、「覡」、「祝」、「宗」、「五官」等，以其特殊的才能來交通神靈，維持人神之間相互感應的管道。

「巫」與「巫術」的發達，是中國文明結構的最大特徵，從人神交通的薩滿文化發展到天人合一的人文世界。中國精神性的人文思想是延續薩滿文化而來，從原始的巫祝信仰轉向人文道德之路，但是又不悖於原始巫祝的文化格局。因爲中國文化下的宗教與哲學一直是彼此緊密聯繫的，在宇宙論上經常會相互會通，可以這麼說：哲學的宇宙論是延續了史前時代原始宗教的「靈感思維」而來，信史時代的文明社會人文宗教則是採用了哲學的宇宙論來擴充其形而上的內涵。

「絕地天通」的「絕」，不是斷絕的「絕」，雖然區分人與天地的不同，但是人神之間還是有著感通互動的可能性，這種可能性是經由「巫」來完成，巫可以經由生命形態的轉變，或是特殊技術的操作，得到了與神明類通而與天地精神相往來，〔註14〕仍舊保留著感受同一的思維模式。從中國夏商周三代歷史變遷來看，巫是神人交流的溝通者，也是文化經驗的繼承者與傳播者，甚至是政治的領導者與推動者。我們可以說從巫術到宗教到人文有著一脈相承的關係，也就是巫術擴充爲宗教，到了周代宗教進而人文化，成爲人文化的宗教。〔註15〕這樣的發展，導致巫術與宗教帶有著濃厚的人文精神，成爲中國文化的一部分，共同主導文化發展的方向。

（三）巫的生命觀

傳統宗教實際上是以「人」爲宇宙的核心，重視實存的人能與天地交感

〔註13〕孫星衍注、王雲五主編：《尚書今古文注疏》（台北市：臺灣商務印書館，1967年），頁46～47。

〔註14〕林安梧：〈「絕地天之通」與「巴別塔」──中西宗教的一個對比切入點的展開〉《中國宗教與意義治療》（台北：明文書局，1996年），頁15。

〔註15〕徐復觀：《中國人性論史先秦篇》（台北：臺灣商務印書館，1969年），頁51。

合其序與鬼神交感合吉凶的和諧感通能力。巫文化是中國文明的源頭，學者林河指出：

> 巫文化是中國文明的重要基因庫，數千年來傳承的聖賢文化，是繼承了巫儺文化的文化基因，巫儺文化與聖賢文化不是對立，是經過數萬年的文化基因培育而成的，是不斷地擇優去劣而形成的歷史經驗與教訓。〔註16〕

由此可知巫文化是繼承了巫儺文化，而巫儺文化與聖賢文化並不是對立的。早期巫師原本負責「通天事鬼」的巫技操作，此操作者必須具備有「精爽不攜貳者」的能力，可以說是集「智能」、「聖能」、「明能」、「聰能」等於一身，是古代最重要的知識分子，甚至是全能的知識分子。東漢許慎在《說文解字》中說：

> 巫，祝也。女能事無形，以舞降神者也，像人兩褒舞形，與工同意。古者巫咸初作巫。凡巫之屬皆從巫。……能齋肅事神明者。在男曰覡，在女曰巫。〔註17〕

由此可知「巫」與「工」互為同意，巫是人與神靈世界的溝通者，主要工作是使神降下於地，賜福人間，從祭祀將人的意願上達於神，具有神通廣大的能力。神與人的交通，仰賴具有上天下地的「巫」與「工」。〔註18〕

在我國歷史上，殷商之後巫隨著工作的複雜性，有了百工與百官的分化，巫又與祝合稱為「巫祝」。實際上巫與祝的職司是各不相同的，東漢許慎在《說文解字》中說：「祝，祭主贊詞者。……兌為口，為巫。」〔註19〕祝，著重在口，通過口中頌贊辭來進行巫術活動，職司主要是在祭祀儀典方面，故稱「祭主贊詞者」，故祝能以言辭悅神，專職奉行祈禱儀式，託言能把人的願望申訴於鬼神。而巫最初專指以舞蹈動作來取媚神靈或降魔伏鬼，故巫能以歌舞降神，專職是託言能把神的意旨通過龜殼、蓍草卜筮傳遞給人。所以清人段玉裁在注《說文解字》時指出：「《周禮》祝與巫分職，二者雖相須為用，不得

〔註16〕 林河：《中國巫儺史》（廣東廣州：花城出版社，2001年），頁42。

〔註17〕 （漢）許慎撰、（清）段玉裁注：《說文解字注》（台北市：黎明文化事業股份有限公司，1974年），頁201～202。

〔註18〕 印順：《中國古代民族神話與文化之研究》（台北：正聞出版社，1991年），頁519。

〔註19〕 （漢）許慎撰、（清）段玉裁注：《說文解字注》（台北：黎明文化公司，1974年），頁6。

以祝釋巫。」〔註 20〕後來祝的詞義又有新的引申，就是將巫師的咒詞也稱爲「祝」。例如巫咸的「祝樹，樹枯；祝鳥，鳥墜」。巫在治病方面，由累積的經驗發展出某些特定的醫療技術，形成整套的生理與病理認知，治病的方法與技術豐富多樣，包括祝由、服食、導引等，但是主要還是經由鬼神的神聖力量，來對治疾病與解除災厄。

（四）醫的生命觀

百工與百官雖然分工愈細，多少還是帶有著人神交通的作用與功能，其中影響中國文化較深的，主要是「史」與「醫」等。學者徐復觀認爲：

> 中國古代文化，由宗教轉向人文的展開，是通過古代史職的展開而開展，文化的進步，是隨著史官文化水準的不斷提高而進步的，史是中國文化的搖籃，是古代文化由宗教走向人文的一道橋樑，一條通路。〔註21〕

周代宗教進入人文話後，「史」的原職務與「祝」同一性質，在祭祀時作冊以告神，後來轉爲記事的職務。而「醫」著重於巫技的改良與提昇上，將通天事鬼神的巫術活動，轉向生命的醫療手段。

早期巫師負有防治疾病的責任，能診斷病因，找到降災致病作祟的鬼神，採取歌舞、占卜、祭祀、祈禱、祝由、咒禁等方法，來感動鬼神，或降伏鬼神，達到去疾消災的目的。〔註 22〕醫是在巫術的治療基礎上，累積經驗發展出某些特定的醫療技術，早期醫技大多起源於巫術行爲，醫是在巫的治病經驗上經世代傳承，開始形成自身的飲食與醫藥知識，這些知識大多還是與巫術具有密切的關係。《說文解字》的「醫」字或從「酉」、或從「巫」，這代表醫是巫的一種，並且擅長用酒，用酒也是通神的重要工具，可以幫助巫師快速進入到能交涉神明的最佳狀態，進一步將酒運用到醫療上面，例如《漢書・食貨志》說：「酒，百藥之長，嘉會之好。」由此可知酒雖常用於通神祭祀等巫術活動，也同時用來療疾治病。〔註 23〕醫在用酒的經驗中，逐步累積自身

〔註20〕（漢）許慎撰、（清）段玉裁注：《說文解字注》，頁 201。

〔註21〕徐復觀：〈原史——由宗教通向人文的史學的成立〉《兩漢思想史卷三》（台北：學生書局，1979 年），頁 230。

〔註22〕薛公忱：《中醫文化溯源》（南京：南京出版社，1993 年），頁 127。

〔註23〕鄭志明：〈從說文解字談漢字的鬼神信仰〉《中國社會鬼神觀念的衍變》（台北：宗教文化研究中心，2001 年），頁 201。

的醫藥知識，開始理解到醫藥與疾病之間的本質關係。醫術雖然在秦漢之後逐漸有了自己的體系，但是對人體的理解仍然延續著古老的宇宙論，與通神的巫術思想密切相關。

對於生命內涵的認知與理解，早在史前時代的原始社會中就已存在，肯定了人是文化的主體，能在自然環境中創造出賴以生存的價值觀念與文化模式，確立了人對應自然的宇宙觀念，以及生命終極安頓的存在形式。包含著人與天地的自然關係和人與鬼神的超自然關係，認為人的生命不單是肉體的有限形式，還能在心靈上與天地萬物相互感通與並生，是混同於自然的生存情境之中，進而也能與超自然的鬼神相互感通。這種原始思維的生命觀進入到有文字記載信史時代的人文社會後，並沒有消失，反而融入於巫、醫文化形式之中，成為深層的精神體系與思維模式。

所謂「巫醫同源」，是指早期人類意識到人類生存的自然環境到處存在著超自然的靈性力量，這種靈性力量是可以支配人們生死的關鍵，也是導致疾病的原因。人所面對的天地萬物都是具有靈性，有著不同善惡的對應關係，其中有散播疾病的精怪鬼魅，同時也有各種庇護眾生的靈神。這種鬼神意識是傳承自原始社會古老宗教信仰下的深層精神活動，是以人作為主體來尋求鬼神世界的允諾與襄助，來安頓現實生活中的生、死、老、病等存在需要，人與超自然的交往，正是人們自身的生存基礎與生存活動本身。

原始社會有其自成系統的病因觀念，以巫術與醫術並用的方式來對治疾病，二者積累長期傳承的神聖文化與治療經驗，是建立在人神交通的靈感思維上，因而發展出各種驅除病魔與疫鬼的方法和技術，來達到驅魔、健身與治病的生存目的。巫在治病方面，由累積的經驗發展出某些特定的醫療技術，形成整套的生理與病理認知，治病的方法與技術豐富多樣，包括祝由、服食、導引等，但是主要還是經由鬼神的神聖力量，來對治疾病與解除災厄。早期醫技大多起源於巫術行為，醫是在巫的治病經驗上經世代傳承，開始形成自身的飲食與醫藥知識，這些知識大多還是與巫術具有密切的關係。這些生存的技術，反映人類早期靈感思維下的宇宙觀與生命觀；是經過相當漫長生存方式的經驗累積與運用，巫術與醫術原始的操作實踐工夫，不是屬於科學的範疇，而是奠基於迄今尚未被人們完全認識的超自然力量，顯示人類精神活動下的文化景觀。

第二節　道教的生命醫療觀

　　道教的生命醫療觀，是承續巫醫同源時期形上的生命關懷，巫醫共構的宇宙圖式指的就是「天地人鬼神五位一體」的宇宙圖式，就其文化內涵來說：是延續了原始社會通天地事鬼神的需求，而發展出一套完整「天人合一」的人文精神世界。認為天地人、人鬼神是可以彼此相互感通的。這種宇宙圖式的中心，就在於人與天地，人與鬼神的交通上，人與鬼神的交通是靠天命系統，人與天地的交通則是靠氣系統來相互感應，這種生命觀顯示人是宇宙的主體，人的生命不單是生物性的個體，而是與宇宙存在著全息對應的關係，相信人與天地鬼神確實有著相互交通的共性。

　　道教既然以長生成仙為宗旨，以養性全神、延命全形為目的，所以在道家道教的典籍中，充滿對與生命有關的宇宙、天地、性命、形神等研究與探討；關心人體生命的本質為何？人體生理的機制為何？這些問題成為道家道教修煉者首要明瞭與解決的問題，同時也是道教生命醫療所要面臨的問題。因此本節筆者將從巫醫共構的宇宙圖式、以氣為本的生命觀、形神相通的生命修煉以及經絡臟腑學說的身體觀等四方面來作說明。在巫醫共構的宇宙圖式方面分成：人鬼神系統、人天地系統來說明；在以氣為本的生命觀方面分成：陰陽的氣化觀、五行的生剋觀、元氣理論、精、氣、神之關係以及氣對人體的重要性來說明；在形神相通的生命修煉方面分成：養形、養神、形為神舍、形神相依以及形神兼修來說明；在經絡臟腑學說的身體觀方面分成：經絡學說的發現、經絡學說之內涵、臟腑學說之內涵來說明。

一、道教的宇宙圖式

　　從先秦到漢初的醫術，稱為「方技」或是「方士醫學」。方士可說是宗教化的巫，追求長生不死的神仙信仰，因而發展出各種求仙成仙的方術，有不少方士身兼醫者，故稱為方士醫。方士醫學與古代原始宗教巫術關係密切，一般學者認為方士醫學承襲了古代原始宗教的巫術。何謂「方仙道」？所謂「方」指的是不死的藥方，所謂「仙」指的是不死神仙；以長生不死、得道成仙為其主要宗旨，修習各種方術的方士集團。是戰國時，燕齊一帶的方士將神仙學說、方技、術數與騶衍的陰陽五行說融為一體，而形成了方仙道，並且盛行於世，成熟於秦漢時期。所以我們若是從方仙道的性質來分析，它與原始的巫術醫學有著一定的關係。

　　秦漢時期的方士醫學與中國傳統醫學的關係及貢獻，主要表現在方士們所創制、修習的各種神仙方術之中。學者蒙文通認為：「方仙道的方術種類，是古之仙道，大別為三，行氣、藥餌、寶精，三者而已也。」〔註24〕方仙道的方術，大致分為行氣、藥餌與寶精這三大派別。方士醫學著重於內修與外養上，有了成套的醫療思想，並且對醫療經驗建構出總結性的文化體系。

　　《黃帝內經》總結古代巫術、宗教與人文等思想傳承，其內容反應了先秦道家、醫家、神仙、養生各家學說而集上古生命醫療學術之大成。《黃帝內經》該書博大精深，應是非一時一地一人之作，可能為春秋戰國數百年不斷累積，而至漢代最後成書，目前雖無一致的看法，但多數學者認為此書是成於漢初黃老之學風行的時代，大約在《春秋繁露》之前，對當時與前代的醫療經驗進行總結。〔註25〕學者鄭志明認為《黃帝內經》：

> 就其文化內涵來說，仍延續著通天地事鬼神的需求而來，是將人體擺在天地萬物的運行規律之中，強調人的生命是感應著天地鬼神，是自然與超自然秩序會合的焦點。這種文化內涵形成了一種根深柢固的宇宙圖式，基本模式是建立在天地人鬼神五位一體上，認為天地人與人鬼神是不可分割，彼此相互感應，建構出一種精神性的宇宙觀念，以簡單的圖式來說明人與宇宙的關係，確立人存在的目的與歸宿。〔註26〕

從上述說明我們可以知道《黃帝內經》對於人生命觀的理解，是延續原始社會的通天信仰，將人體擺在天地萬物的運行規律之中，強調人的生命是感應著天地鬼神，是自然與超自然秩序會合的焦點。基本模式是建立在天地人鬼神五位一體上，這種宇宙圖式，能讓人們在天地中的生活場域，獲得神聖性的安穩庇護，顯示人的存在，可以交感天地，同時也可以交感鬼神，人的存在必須維持與天地的自然和諧，更須要鞏固人與鬼神的超自然和諧。「天地」與「鬼神」實際上都是抽象的形上存有，人的具體存在往往依附於這種形上的超越力量，進而將「天地」與「鬼神」安置在生活空間的核心位置上。

〔註24〕蒙文通：《古學甄微》（四川：巴蜀書社，1987年），頁337。
〔註25〕汪瑞開：《兩漢思想史》（上海：上海古籍出版社，1989年），頁89。
〔註26〕鄭志明：《宗教與民俗醫療》（台北：大元書局，2004年），頁151。

（一）人鬼神系統

早期的人要如何與天地鬼神交通呢？「巫」與「巫術」的發達，是中國文明結構的最大特徵，從人神交通的薩滿文化發展到天人合一的人文世界。「絕地天通」的神話，雖然區分人與天地的不同，但是人神之間還是有著感通互動的可能性，這種可能性是經由「巫」來完成，巫可以經由生命形態的轉變，或是特殊技術的操作，得到了與神明類通而與天地精神相往來，仍舊保留著感受同一的思維模式。巫與巫術是交通天地鬼神的手段，其目的在感應到天地鬼神的存有信息，這種信息的傳承在古代發展成兩大系統：一是「天命」系統、二是「氣」系統。「天命」系統是屬於「天地人鬼神五位一體」宇宙圖式中人與鬼神的超自然關係的部分，說明人如何與鬼神相互交通，是來自靈感思維中超自然對應的靈性論。「天命」是天地鬼神的意志，原本指人格化的至上神，到了周代轉變為抽象的形上主宰，以「天」作為宇宙萬物的存有依據。人如何與鬼神相互感應呢？必須經由「巫」來完成，巫師的通天，就是要掌握到天命，能夠預知天意與替天行道，讓人們可以通神明，參與天地的造化，以確保人與天命（超自然）之間的精神聯繫。

「氣」系統是天人之間另外一種溝通的媒介，人們認為風雲等氣象的流動，瀰漫於天地之間，也可以作為人與天地鬼神溝通的媒介。「氣」的觀念形成或許晚於「天命」，但是在巫文化中能快速地發展，認為人體血液呼吸等氣，是與風雨等天地之氣，彼此是可以聯想與類想之物。〔註27〕「天命」與「氣」這兩類觀念系統不是對立的，在春秋戰國時代彼此之間有著互相同化與互相改造的融合過程〔註28〕，認為人的呼吸之氣，同時也是交感天地鬼神的主要方式。

（二）天地人系統

「氣」的概念在中國存在已久，周代的士人將氣看做是充塞天地之間的物質性材料，也是構成人身的基本東西。〔註29〕道家始祖老子云：「道生

〔註27〕 小野澤精一、福永光司、山井涌編著、李慶譯：《氣的思想——中國自然觀與人的觀念的發展》（上海：上海人民出版社，1990年），頁27。

〔註28〕 謝松齡：《天人象：陰陽五行學說導論》（山東濟南：山東文藝出版社，1989年），頁38。

〔註29〕 楊儒賓：《中國古代思想中的氣論與身體觀》（台北：巨流圖書公司，1993年），頁4～14。

一，一生二，二生三，三生萬物。萬物負陰而抱陽，沖氣以為和。」〔註30〕
這個道的體現也就是氣，一指的是渾沌之氣；二指的是陰陽二氣；三為陰
陽相合的中合之氣。「氣」系統是屬於「天地人鬼神五位一體」宇宙圖式中
人與天地的自然關係部分，說明人如何與天地相互交通。春秋戰國之後，「天
命」系統與「氣」系統結合之後成為「人天相通」的主要管道，肯定人的
呼吸之氣，是重要的生命現象，同時也是交感天地鬼神的主要方式，形成
了一種「氣化生命觀」，也是交感天地鬼神的主要方式。例如《莊子‧知北
遊》說：

> 人之生，氣之聚也，聚則為生，散則為死。若死生為徒，吾又何患！
> 故萬物一也，是其所美者為神奇，其所惡者為臭腐；臭腐復化為神
> 奇，神奇復化為臭腐。故曰：「通天下一氣耳。」〔註31〕

莊子進一步把「氣」當作組成世界有形物質的「質料」，明確指出了氣是宇宙
萬物的質料及人體生命之本源。人的生死是「氣」的聚散現象，同樣地，天
地萬物的生成也是「氣」的作用，因而人與天地鬼神的交流，就在於「通天
下一氣」。形成「一氣」是人與天地萬物交通主要媒介的「宇宙氣化論」。

這種氣化宇宙論從戰國到漢初非常流行，例如《淮南子‧本經訓》說：「天
地之合和，陰陽之陶化，萬物皆乘一氣者也。」由此觀之「一氣」是人與天
地萬物相通的主要媒介，因為都是來自氣的聚散現象，宇宙氣化論能讓人體
與天地的自然關係可以相互聯繫與彼此作用，肯定氣在宇宙中的神聖地位，
是生命的源頭所在，在人的身上也有很大的作用，人們可以從天地的氣化現
象，來推知或驗證人體的內在規律。《黃帝內經》承繼了這種氣化宇宙論，以
「氣」作為人與天地相通的本源，例如《素問‧天元紀大論》說：

> 在天為氣，在地成形，形氣相感而化生萬物矣。然天地者，萬物
> 之上下也，左右者，陰陽之道路也。水火者，陰陽之徵兆也，金
> 木者，生成之終始也。氣有多少，形有盛衰，上下相召，而損益
> 彰矣。〔註32〕

〔註30〕 高亨：《老子正詁》（台北：臺灣開明書店，民57年3月），頁96～97。
〔註31〕 （晉）郭象注、（唐）成玄英疏、（清）郭慶藩集釋：《莊子集釋》（台北市：
中華書局，1973年3月再版），頁320。
〔註32〕 （唐）王冰次注、（宋）林億等校正：欽定《四庫全書》子部三九醫家類《黃
帝內經‧素問》，第七三三冊（上海市：上海古籍出版社，1987年），頁205。

《黃帝內經》以「形氣相感」來建構人與天地萬物之間的氣化關係，整個宇宙經由氣化的運作而可以彼此相互聯繫，氣多則形盛，氣少則形衰，所以人的生命是與天地氣化密切相關的。

巫醫共構的宇宙圖式指的就是「天地人鬼神五位一體」的宇宙圖式，就其文化內涵來說：是延續了原始社會通天地事鬼神的需求，而發展出一套完整「天人合一」的人文精神世界。認為天地人、人鬼神是可以彼此相互感通的，進而建構出一種精神性的宇宙觀念與生命觀念，是一種「服天氣」意指人要能體會陰陽消長變化之理，並以此作爲治病的根本，與「通神明」意指人要能體會陰陽五行的動態平衡，對應時間空間整體和諧的境界。這種宇宙圖式的中心，就在於人與天地，人與鬼神的交通上，人是宇宙的主體，顯示人的生命不單是生物性的個體，而是與宇宙存在著全息對應的關係，相信人與天地鬼神確實有著相互交通的共性。巫醫共構的宇宙圖式在《黃帝內經》中，各種治病技術只是手段，要配合陰陽五行等氣化理論，才能適應外在時間與空間的變化，進一步意識到人的生命是形體與精神的結合，不只關心形體的健康，更要順應天地之道，將世俗的生存環境納入到神聖的超越時空之中，確立人存在的目的與歸宿。

由此可知醫術與巫術的作用是相同的，都是要進行肉體與宇宙間的自然與超自然的聯繫，所以《素問‧藏氣法時論》說：

> 黃帝問曰：合人形以法四時五行而治，何如而從，何如而逆，得失之意，願聞其事。歧伯對曰：五行者，金木水火土也，更貴更賤，以知死生，以決成敗，而定五藏之氣，間甚之時，死生之期也。〔註33〕

由以上所述可以知道，人的形體存在是要法天則地，並且根據陰陽五行的時空對應法則來治理其身，才能「以知死生」與「以決成敗」，肯定人的生命必須要結合空間、時間與周圍環境，才能有效地進行保養與治療。〔註34〕《黃帝內經》提出人可以根據「五藏之氣」來決定「死生之期」，認為形體的生理現象也有超越的「氣」與「神」來維持個人機體的生命功能。

〔註33〕（唐）王冰次注、（宋）林億等校正：欽定《四庫全書》子部三九醫家類《黃帝內經‧素問》，第七三三冊（上海市：上海古籍出版社，1987年），頁80～81。
〔註34〕陳九如編著：《黃帝內經今義》（台北：國立編譯館，1986年），頁37。

　　道教吸收了巫醫共構宇宙圖式中的氣化宇宙論與氣化生命觀，認為天地人乃至萬物都是從道、氣化生而成的，即代表天人同源。所以天與人在性質和結構上都應當是一致的，也就是人與天地自然對應的宇宙論，因此就形成了天地人三者同源同構、相互感應、共成一體的天人觀。人期望藉由交感天地，以獲得天地自然的氣、能量，使生命可以參與天地造化，成為宇宙核心。這就為道教理身、治心與醫世相統一的生命醫學模式奠定了理論的基礎。

　　雖然醫學再怎麼發達，都無法解決人們面對生死的遺憾，但是巫醫同源的生命觀，其形上的思維模式，提供「天人相應」的整體對應關係，肯定人體是一個小宇宙，是對應著自然的運行秩序而來，發展出「順應自然」的治病與養生技術，此技術不屬於科學的範疇，而是生活經驗的神聖範疇，是建立在氣化宇宙論的信仰上，以「氣」來進行天人一體、內外一理的交通，這是源自古老巫術的互滲觀念，基於通天事鬼神的文化心理，重點偏向於自我身心的鍛鍊與領悟，以進行精神性的突破與超越，以「形與神俱」來凸顯養形與養神的重要性，養形的技術或許可以與現代醫學相結合，至於養神，則偏向於哲學或宗教的範疇，屬於精神開發與創造的領域，代表的是人類心靈的精神追尋。

二、以氣為本的生命觀

　　氣化宇宙論在六朝之前很盛，這涉及到「氣化生命」的概念，並非《抱朴子‧內篇》所獨有，是延續「巫醫共構」的宇宙圖式。葛洪加強了人體對氣的對應、感通的關係，再從氣化的概念發展成神仙概念。這種氣化宇宙論主要建立在陰陽、五行等氣的分化上，由此建構出龐大的理論體系，以陰陽五行等氣的變化，來體現出天的造化意志或是運行規律，並且將這些氣化的規律，作用於人體之上，認為人的生命是與天地氣化密切相關的，彼此之間有著相應的內在規律，是建立在陰陽五行的運行規律上。

（一）陰陽的氣化觀

　　《黃帝內經》對陰陽五行等觀念的運用已經相當成熟，充分展現出天人交通的豐富內在世界，肯定人是天地合氣所生，從陰陽的氣化流行，可以掌握到天地萬物與人的生存規律，例如《素問‧陰陽應象大論》說：

> 陰陽者，天地之道也，萬物之綱紀，變化之父母，生殺之本始，神
> 明之府也，治病必求於本。故積陽爲天，積陰爲地。陰靜陽躁，陽
> 生陰長，陽殺陰藏。陽化氣，陰成形。寒極生熱，熱極生寒。……
> 此陰陽反作，病之逆從也。〔註35〕

這裏說明陰陽是天地運行的道理，生命與生病死亡的本始，所以治病要從本
源處著手，就是要能體會陰陽消長變化的道理。明確指出陰陽是事物運動變
化的規律。傳統醫學將人置於整個大自然之中，以「人與天地相參」即天地
人三位一體的整體觀念，來探討人體與自然界的季節交換和陰陽升降之間的
關係。

　　陰陽的氣化觀念，從《周易》以來運用的相當廣泛，從天象的氣候變化，
對應出季節的陰陽消長，是可以支配左右自然災異與命運吉凶等變化，進一
步認爲人體不是一個孤立的局部，是與外界天地的自然環境密切相關的一個
開放系統，陰陽氣化對人體疾病的形成與發展，有著重要的影響。〔註36〕因
爲陰陽變化有其保持和諧的規律性，人體也被視爲是陰陽兩氣的生成物，所
以運動、變化與發展，也必須要配合陰陽的運行原理，努力地化解衝突回到
和諧的情境，才能躲避各種疾病。

　　由此觀之「陰陽」成為人與天地鬼神交通的主要載體，人面對自我生命
的存在，必須遵循陰陽變化的運行規律，所以《黃帝內經》特別強調陰陽是
「神明之府」，同時也是萬物變化與生殺的神聖法則。自古以來「巫」與「醫」
的主要工作，就是要掌握到這種宇宙的神聖法則。到了《黃帝內經》時，雖
然建立出系統龐大的醫學理論體系，但是其內涵的基本精神仍建立在「天人
相通」上，是延續原始時期巫術的通天信仰，具有濃厚的巫術色彩。

（二）五行的生剋觀

　　五行是用來補充說明天地萬物之間，氣化的制約與五行彼此間生化的關
係，產生相生、相剋的運行規律，從「不可勝量」到「不可勝竭」。五行之說
可以用來解釋宇宙演變過程的複雜情況，從而擴充「萬物綱紀」的對應關係。
例如《素問‧寶命全形論》說：

〔註35〕（唐）王冰次注、（宋）林億等校正：欽定《四庫全書》子部三九醫家類《黃
　　　　帝內經‧素問》，第七三三冊（上海市：上海古籍出版社，1987年），頁23～
　　　　24。
〔註36〕楊力：《中醫運氣學》（北京：北京科學技術出版社，1995年），頁193。

> 帝曰：人生有形，不離陰陽，天地合氣，別爲九野，分爲四時，月
> 有小大，日有短長，萬物並至，不可勝量，虛實呿吟，敢問其方。
> 歧伯曰：木得金而伐，火得水而滅，土得木而達，金得火而缺，水
> 得土而絕，萬物盡然，不可勝竭。〔註37〕

人因爲陰陽二氣相合而產生形體，天地與陰陽合氣，也與五行合氣，將陰陽與五行結合起來，就更可以理解到宇宙氣化的變化法則與運行規律，如此即可掌握到「萬物皆然」的內在秩序。

五行是指五種物質的元氣，作爲氣與萬物之間的中介，有著五種運行的規律，五行學說認爲五行結構中每一行都與其他四者發生一定的關係，相生和相勝（剋）是最基本的。相生者，包括「生我」與「我生」；相勝者，包括「我勝」與「勝我」。在此種規律下，萬物從「不可勝量」到「不可勝竭」，只要能掌握到其中的原理法則，就能以簡御繁。「通神明」的奧妙，在於人們要能體會到陰陽五行的動態平衡上，回到天地運行的根源上（道），來確實掌握一切變化的規律。

《黃帝內經》根據「同氣相求」的理論，認爲同一行的事物與現象之間有著相互感應的聯繫；從而將人的五行和自然界的五時、五方、五味、五色、五聲等普遍聯繫成爲一個有機整體，從而建構「天人合一」的五行系統。這個有機的系統是對應著時間與空間的整體和諧而來，所以《素問‧陰陽應象大論》說：

> 天有四時五行，以生長收藏，以生寒暑燥濕風。人有五藏，化五氣，
> 以生喜怒悲憂恐。故喜怒傷氣，寒暑傷形。〔註38〕

陰陽四時象徵時間運行的規律，五行對應五方、五臟，象徵空間對應的節奏。在時空等自然環境的運作之下，氣候的變化與人體的性情是息息相關的，人體在自然外界的變化影響下，由於個人機體的每個部分所受到的影響不同，出現了各種不同的節律活動，〔註39〕例如天氣的「寒暑燥溼風」對應人情感

〔註37〕（唐）王冰次注、（宋）林億等校正：欽定《四庫全書》子部三九醫家類《黃帝內經‧素問》，第七三三冊（上海市：上海古籍出版社，1987年），頁90～91。
〔註38〕（唐）王冰次注、（宋）林億等校正：欽定《四庫全書》子部三九醫家類《黃帝內經‧素問》，第七三三冊（上海市：上海古籍出版社，1987年），頁25。
〔註39〕胡劍北等編著：《中醫時間醫學》（安徽合肥：安徽科學技術出版社，1990年），頁21。

上的「喜怒悲憂恐」，天氣與人的情感是相互感應的，彼此間有著共同遵循的普遍法則。

這種天人感應的思想，是延續著原始時期巫術的通天信仰，認為人體是宇宙自然的一部分，此部分與宇宙全體有著互涵的關係，所以漢代《黃帝內經》時期的醫術依然與巫術具有密切的關係，認為人體的內環境（個人機體）與天地的外環境（自然環境、超自然環境）是一體相通的，所以可以經由天地來認識人體，也可以經由人體的生理與病理來認識天地。

（三）元氣理論

道教醫學的宇宙本體論中，元氣觀念是其核心，認為元氣是萬物之本始，性命之根源。氣的概念來自形而上道的具體化，亦即「氣就是道」。秦漢以後的學者，有把道解釋成氣的看法，在各種道教經典中，也可以看到將道具體解釋為氣、元氣、祖炁、渾沌一炁、自然之氣、真一之氣的道書，具體將元氣理論與行氣之術相互結合，把人體中先天的元氣，和後天的呼吸之氣聯繫起來，顯得更加具體化。因此有關元氣的理論，成為道教生命醫學的重要指導思想。

元氣之說，漢代最為流行，漢儒通說，人稟元氣而生。王充的宇宙氣化論展現於《論衡》書中，在〈自然篇〉、〈談天篇〉都說明了天地實體和自然界的萬物都由氣所構成，因此自然界萬物的生成、變化，都是由天地所含之氣的聚、散的結果。人的生、死，也是由於氣的變化。〈無形篇〉說：「人稟氣於天，氣成而形立，則命相須以至終死。形不可變化，年亦不可增加。以何驗之？人生能行，死則僵仆，死則氣滅形消而壞。」〔註40〕〈論死篇〉說：「人未生，在元氣之中；既死，復歸元氣，元氣荒忽，人氣在其中。」〔註41〕元氣既然是自然界萬物原始的基礎，所以人之形神的生成，來自於元氣的聚散。在漢代讖緯學中，已經形成一種以氣為本的宇宙演化程序。《易緯・乾鑿度》云：

> 夫有形生於無形，則乾坤安從生，故曰有太易、有太初、有太素。太易者，未見氣也；太初者，氣之始也；太始者，形之始也；太素者，質之始也；氣、形、質具而未分離，故曰渾沌。〔註42〕

〔註40〕楊寶忠：《論衡校箋》（石家莊：河北教育出版社，1999年），頁350。
〔註41〕楊寶忠：《論衡校箋》，頁592。
〔註42〕嚴靈峰編輯：《易經集成》158（台北：成文出版社，1976年），頁9。

這種以氣為本的宇宙氣化論，及類此元氣、人之形神的生成，來自於元氣聚散的氣化生命觀等觀念，廣泛流行於各種術數之中，像醫學家就以此為主。《神農本草經》說滑石紫芝等主「益精氣」；《黃帝內經》中的〈素問上古天真論〉及〈通評虛實論〉也重視精氣之說，此古代醫學著作就以「益氣」為基礎，建立其醫學理論。這些理論，很快被吸收到道教經典中來。在漢代方士和早期道書中，氣的範圍得到新的發展，成為道教醫學生命元氣觀的基本概念。

（四）精、氣、神之關係

在早期道教經典《太平經》中，採用當時流行的說法，強調元氣的作用，提出對元氣的看法：

> 天地開闢貴本根，乃氣之元也。〔註43〕

> 夫天地人本同一元氣，分為三體，各自有始祖。〔註44〕

> 一氣為天，一氣為地，一氣為人，餘氣散備萬物。〔註45〕

由此看來，元氣為構成宇宙萬物及人的總根源。至於氣如何演化為萬物呢？《太平經》的解釋說明為：

> 天，太陽也。地，太陰也。人居中央，萬物亦然。天者常下施，其氣下流也。地者常上求，其氣上合也。兩氣交於中央。人者，居其中為正也。兩氣者常交用事，合於中央，乃共生萬物。萬物悉受此二氣以成形，合為情性；無此二氣，不能生成也。〔註46〕

這裏指出了元氣化為陰陽二氣，陰陽對立而統一，化生了萬物。這種解釋，是將《老子》的：「道生一，一生二，二生三，三生萬物。萬物負陰而抱陽」思想的具體化，也就是陰陽氣化觀，充滿了樸素的辯證思想。《太平經》強調元氣的作用：「三氣共一，為神根也：一為精，一為神，一為氣，此三者共一位也，本天地人之氣。」〔註47〕元氣是宇宙構成的因素，元氣的作用是化生萬物。

《黃帝內經》可以說是道、醫結合的一個偉大成果，《內經》的「氣一元論」來自老莊。《素問‧天元紀大論》云：「在天為氣，在地成形，形氣相感

〔註43〕 王明：《太平經合校》，頁 12。
〔註44〕 王明：《太平經合校》，頁 236。
〔註45〕 王明：《太平經合校》，頁 726。
〔註46〕 王明：《太平經合校》，頁 694。
〔註47〕 王明：《太平經合校》，頁 739。

而化生萬物矣。」〔註48〕精氣中亦認為萬物是由氣構成的。

　　氣的概念如何從宇宙中的渾沌之氣、陰陽之氣轉化為人體中的精氣，在《太平經》中有提及，《太平經》云：

> 夫人本生渾沌之氣，氣生精，精生神，神生明。本於陰陽之氣，氣轉為精，精轉為神，神轉為明。欲壽者當守氣而合神，精不去其形，念此三合以為一，久則彬彬自見，身中形漸輕，精益明，光益精，心中大安，欣然若喜，太平氣應矣。〔註49〕

從這段話中，我們可以知道氣的概念如何從宇宙中的渾沌之氣、陰陽之氣轉化為人體中的精氣，精氣又如何在人體中經過修鍊、體道合真，又和社會上的太平之氣相互感應。同時在此還可以看到「氣」的概念在《太平經》中，已被吸收成為道教人體生命醫學思想的基本範疇，並且和「精」、「神」等概念作了區分。中國古代哲學和中國傳統醫學兩個不同分支中，有關「氣」的詮釋在道教人體醫學思想中匯合在一起，並於道教的行氣修鍊實踐中，得到更深入的發展。〔註50〕

（五）氣對人體的重要性

　　氣的運行對人體的重要性，在《內經》及《雲笈七籤‧元氣論》中都有進一步說明。人們面對自我生命存在時，必須遵循陰陽二氣昇降、變化的運行規律，因為陰陽氣化觀是萬物變化與生殺的神聖法則。例如《內經‧素問‧六微旨大論》云：

> 出入廢，則神機化滅；昇降息，則氣立孤危。故非出入，則無以生長壯老已；非昇降，則無經生長化收藏。〔註51〕

指出人體的生化運動，就在於氣的出入昇降，運動平衡。氣的運動機制失常，則產生各種疾病。《內經‧素問‧舉痛論》云：

> 百病生於氣也，怒則氣上，喜則氣緩，悲則氣消，恐則氣下，寒則氣收，炅則氣洩，驚則氣亂，勞則氣耗，思則氣結。〔註52〕

〔註48〕（唐）王冰次注、（宋）林億等校正：欽定《四庫全書》子部三九醫家類《黃帝內經‧素問》，第七三三冊（上海市：上海古籍出版社，1987年），頁205。

〔註49〕王明：《太平經合校》（北京：中華書局，1960年），頁739。

〔註50〕胡孚琛：《魏晉神仙道教》（北京：人民出版社，1989年），頁222。

〔註51〕（唐）王冰次注、（宋）林億等校正：欽定《四庫全書》子部三九醫家類《黃帝內經‧素問》，第七三三冊，頁223。

〔註52〕（唐）王冰次注、（宋）林億等校正：欽定《四庫全書》子部三九醫家類《黃

此處說明並分析了各種痛症均由寒氣停留在一定部位所致，是從五行生剋觀來說明氣化制約與生化的關係，以及氣與精神心情間的運行規律，並且由此來論述病因。此外《雲笈七籤‧元氣論》云：

> 夫元氣者，乃生氣之源，則腎間動氣是也。此五臟六腑之本，十二經脈之根，呼吸之門，三焦之源，一名守邪之神，……此氣是人之根本，根本若絕，則臟腑經脈如枝葉，根虧葉枯亦以明矣。〔註53〕

此段說明是從人體生理的角度，指出了元氣對人體的主宰作用，它是人體健康與否的根本，根本若絕，則如同根虧葉枯。

魏晉時葛洪對「氣」的學說，繼承了漢代王充的元氣理論，及《黃帝內經》的氣化生命觀，初步形成神仙道教以氣為本的生命觀。葛洪在《抱朴子‧內篇》中也承繼此思想，認為天地萬物由氣所生，他以元氣說明人與氣之關係，說：「夫人在氣中，氣在人中，自天地至於萬物，無不須氣以生者也。」〔註54〕人在氣中，稟氣而生，故其生死繫於一氣。又說：「受氣各有多少，多者其盡遲，少者其竭速」〔註55〕。他還說：「雲雨霜雪，皆天地之氣也，而以藥作之，與真無異也。」〔註56〕由此看來個體生命的短長，乃由氣量的多寡而定，因此生死的關鍵在於氣之得失。葛洪將「氣」作為道教哲學醫學生命觀中的基本概念，認為人的生存完全由氣來維持。他說：「身勞則神散，氣竭則命終。根竭枝繁，則青青去木矣。氣疲欲勝，則精靈離身矣。」〔註57〕所以氣是使形神互為一體，相互保持相互作用的中介。有學者認為道教所言之氣，是一種界於形與神之間的存在形式，功能上相當於現在的「信息」概念，充當了機體各種功能程序過程的主體，可說人體的各種功能活動都是信息作用的結果。〔註58〕

葛洪又指出人若「氣損」、「血滅」，則「靈根亦凋於中矣」，這些正反兩方面的論證，都說明「氣」是構成人體和人體賴以生存的基礎。從而認識到

帝內經‧素問》，第七三三冊，頁126。
〔註53〕（宋）張君房輯、蔣力生等校注：《雲笈七籤》（北京：華夏出版社，1996年），頁567。
〔註54〕《抱朴子‧內篇‧至理》，卷5，頁114。
〔註55〕《抱朴子‧內篇‧極言》，卷13，頁240。
〔註56〕《抱朴子‧內篇‧黃白》，卷16，頁284。
〔註57〕《抱朴子‧內篇‧至理》，卷5，頁110。
〔註58〕楊玉輝：《道教人學研究》（北京：人民出版社，民93年），頁33～34。

雲雨霜雪統一於氣的物質屬性。於是葛洪用氣的學說爲道教科學中使用物質手段模擬自然變化的實驗提供了理論的根據，並將氣的概念作爲道教哲學中，由「無」過度到「有」的重要聯結。〔註59〕《抱朴子‧內篇》極爲強調氣在人體修道養生工夫中的重要作用，他說:「苟能令正氣不衰，形神相衛，莫能傷也。」〔註60〕若能使「正氣」不減，形神互衛，則生莫能傷。這樣氣是貫通形神的樞紐，是聯繫人與天地、萬物的中介。人的形體和精神是由氣構成，氣把天地人統一起來，在氣和氣之間又有著感應關係。由此可知，葛洪認爲生命的本質屬於氣化生成論，上承漢代宇宙氣化論而來。從中醫學觀點看，生死現象就在於「有氣」、「無氣」，有氣則生，無氣則死。

　　葛洪又由「氣」引申而得行氣、寶氣的觀念，成爲道教煉氣說的理論。他說:

> 防堅則水無漉棄之費，脂多則火無寢曜之患，龍泉以不割常利，斤斧以日用速弊，隱雪以違暖經夏，藏冰以居深過暑，單帛以慢鏡不灼，凡卉以偏覆越冬。泥壞易消者也，而陶之爲瓦，則與二儀齊其久焉。柞櫟速朽者也，而燔之爲炭，則可億載而不敗焉。轅豚以優畜晚卒，良馬以陟峻早斃，寒蟲以適己倍壽，南林以處溫長茂，接煞氣則彫瘁於凝霜，值陽和則郁藹而條秀。物類一也，而榮枯異功，豈有秋收之常限，冬藏之定例哉?〔註61〕

葛洪此段文字在強調事物的生成毀滅，是同時與氣的「質」與「量」有關，例如存在的條件不同，隱雪、藏冰、單帛、凡卉、寒蟲、南林之類，因其消費不多，則不易朽滅。此外使用條件差異如龍泉與斤斧，轅豚與良馬等，因爲斤斧與良馬的消費量大，故容易耗損快。又如外在作用的改變，產生質變與量變，如泥壞之爲陶瓦，柞櫟之爲木炭，其生存情況也會因此而產生變化。他提出這種觀察，強調氣與人體生命之間的至要關係，就是要論證經由氣等外在條件的改變，人的生命是可以向上提昇成仙的。進一步提出行氣之說:「善行氣者，內以養身，外以卻惡。」

　　早期道教把「治國太平」與「治身長壽」視爲一體，認爲人體疾病的治療，與國家衰亂的治理，可以相互類比借鑒，因爲二者都遵循一個共通的原

〔註59〕 胡孚琛:《魏晉神仙道教》（北京:人民出版社，1989年），頁223。

〔註60〕 《抱朴子‧內篇‧極言》，卷13，頁244。

〔註61〕 《抱朴子‧內篇‧至理》，卷5，頁111～112。

則──「道」。這一「身國同治」的思想，在《太平經》中就已出現，《太平經》云：「上士用之以平國，中士用之以延年，下士用之以治家。」〔註62〕接著葛洪便在道教哲學醫學生命觀中，確立了以氣為本的思想，並且用中國傳統文化的民本思想來作比附。他說：

> 故一人之身，一國之象也。胸腹之位，猶宮室也。四肢之列，猶郊境也。骨節之分，猶百官也。神猶君也，血猶臣也，氣猶民也。故知治身，則能治國也。夫愛其民所以安其國，養其氣所以全其身。
> 民散則國亡，氣竭即身死，死者不可生也，亡者不可存也。〔註63〕

此處說明為國家除患袪弊，同治療疾病的治身之術，在本質上是一致的。在一國之中，人民是根本，而在一身之中，氣是根本，能否養氣，決定著一個人的存亡。道教醫學要解決如何治身的問題，使人體可以却病延年，必須像愛國愛民那樣養氣。葛洪將「氣」作為道教哲學醫學生命觀中的基本概念，認為人的生命完全由氣來維持，生命的終止與氣關係密切。他說：「身勞則神散，氣竭則命終。根竭枝繁，則青青去木矣。氣疲欲勝，則精靈離身矣。」又指出人如「氣損」、「血滅」，則「靈根亦凋於中矣」，這些正、反兩方面的論證，都說明「氣」是構成人體和人體賴以生存的基礎。所以葛洪說：

> 民難養而易危也，氣難清而易濁也。故審威德所以保社稷，割嗜欲所以固血氣。然後真一存焉，三七守焉，百害卻焉，年命延矣。
> 〔註64〕

在養身中能以養氣為本，就能存住真一，也就是將道保存在人體之中了。

葛洪承繼先秦、兩漢的宇宙氣化觀與生命論，以氣為本的學說，構成了自己的生命醫學思想，不僅是一套理論，而且實際去操作實踐運用，《肘後救卒方》開卷有「嚏則氣通」、「氣通則治」、「氣通則活」的結語，臨床經驗中的醫方，是他「已試而後錄之」，他累積了豐富的經驗，補氣益血，有益人身，更加強其有關氣化思想的可信性。以上所述關於氣的運行與作用機制，是道教醫學以氣治病、自我診療、養生的理論，整體來說，具體操作實踐工夫則有佈氣、導氣、引氣、排氣等，以此來調整人體內氣之運行，達到扶持正氣、元氣，排除病氣，使人體生理的陰陽與五行能趨於協調與平衡，達到袪疾療

〔註62〕 王明：《太平經合校》，頁728。
〔註63〕 《抱朴子‧內篇‧地真》，卷18，頁326。
〔註64〕 《抱朴子‧內篇‧地真》，卷18，頁326。

病的目的。

　　故道教認為，人和天地萬物都是由元氣化生而來的，因此人體不是一個簡單、純粹的物質，而是有其內在的結構與功能，認為人體血液、呼吸等氣，與風雨等天地之氣是可以相互聯繫的。道教醫學在此觀念上汲取了中國傳統醫學思想和形神統一觀，建立了道教的生命醫療觀，即認為：人體是由精、氣、神這三大要素構成的，以氣為本，使內外身心相聯、形神相合的生命系統。道教醫學和生命有關的一些概念，如形、神、精、氣、血等，研究的頗有深度，為中國傳統醫療養生及現代人體科學留下了寶貴的思想資料。來自我國古代的元氣理論，在道教醫學中，有了長足的發展，都是和人體的生命觀密切相聯繫的。這些理論的建構，是經過千百年來無數道士、道醫在面對自己生命，人體修煉過程中，逐漸領悟出來的。葛洪是魏晉時期的道士與道醫，他的「以氣為本」的生命觀是整個道教醫學形成和發展過程中，不可或缺的環節。

三、形神相通的生命修煉

　　醫學源自於中國古代的薩滿式文明，承續了神人交通的巫術文化，在巫醫共構的宇宙圖式中，不斷地擴充天人感應的形上思維，建構出人與天地自然對應的宇宙論，及人與鬼神超自然對應的靈性論、生命觀。顯示巫術與醫術的運用，目的在追求「通」，有其形上的依據；在於實現人自身與宇宙一體相感的願望，自覺地展現出形而上的文化內涵，也為巫術與醫術提供了理論的基礎與操作的法則，確立了人在天地中的地位與價值。

　　身心並練、形神俱全，這是道家生命修煉的根本特色，也是道教醫學診治的根本原則，此一思想便是「形神相通」的生命修煉，形神統一是道家生命觀的核心，也是養生的重點，養生就是保養身體使之延年益壽，可分為「養神」與「養形」二部分。道教延續巫術與《黃帝內經》「通神明」的奧妙，認為人體與宇宙是同構相應的，人們要能體會到陰陽五行的動態平衡上，回到天地運行的根源上（道），來確實掌握一切變化的規律。所以人的一生就是對應在此「形神相通」之上，以精神保養擴充形體的存有。神是形的主宰，操控著「氣」的流轉，可以決定人的生理功能與行為動作。疾病的治療也是要對應著此一規律而來。並且認為形神是一體而成的，是一個相當重視肉體生命的宗教，因而發展出使人健康長壽的實踐體系。從「形為神舍」、「形神相依」到葛洪提出「形神兼修」的養生主張。

（一）養形

「形」是指人的身體器官，所謂「養形」，是指保養人體生理的身體狀態，包括：氣血、骨髓、經絡、臟腑、津液等生化規律，強健人體的功能與作用，重視日常生活的起居攝養，強健機體的功能與作用，來去疾養身，獲致健康以延年命。重視煉精、煉氣，發展成後來的「命學」。《黃帝內經》的生命觀，追求「以神養形」，善盡形體存在的生命責任，這就是所謂的「天年」，每個人一生的存在有其自我的生命規律，雖然無法強求，但是人可以積極地在此一規律中來養神與養形，克服物質與精神上的各種障礙，以維持其應有的生存秩序。例如《靈樞・天年》說：

> 人生十歲，五藏始定，血氣已通，其氣在下，故好走；二十歲，血氣始盛肌肉方長，故好趨；三十歲，五藏大定，肌肉堅固，血脈盛滿，故好步；四十歲，五藏六府十二經脈，皆大盛以平定，腠理始疏，榮貨頹落，髮頰斑白，平盛不搖，故好坐；五十歲，肝氣始衰，肝葉始薄，膽汁始減，目始不明；六十歲，心氣始衰，若憂悲，血氣懈惰，故好臥；七十歲，脾氣虛，皮膚枯；八十歲，肺氣衰，魄離，故言善誤；九十歲，腎氣焦，四藏經脈空虛；百歲，五藏皆虛，神氣皆去，形骸獨居而終矣。〔註65〕

此段說明了人在不同的年紀，氣血的運行與盛衰情形，由於人體本身也是一種宇宙氣化的過程，這種氣化的過程反映在人的「血氣」上，所以「血氣」是屬於人體形的部分，但是可以通向於神，人的一生就是對應在此「形神相通」之上，神是形的主宰，操控著「氣」的流轉，可以決定人的生理功能與行為動作。「血氣」由盛而衰，有其必然的規律，形成疾病的治療也是要對應著此一規律而來。

（二）養神

「神」是指人內在的生命活動，所謂「養神」，是指保養人體心理的精神狀態，包括了神、魂、意、志、思、慮、智等活動，正常操作個體精神情志的變化，避免七情六慾過度放縱，傷害到五臟六腑，而導致疾病或暴斃。重視修心、煉神，發展成後來的「性學」。

早在《內經》時代，古人就認識到人的心理狀態（神）和身體狀態（形）

〔註65〕（唐）王冰次注、（宋）林億等校正：欽定《四庫全書》子部三九醫家類《靈樞・天年》，第七三三冊（上海市：上海古籍出版社，1987年），頁391。

有著密切的聯繫，而特別重視精神的調攝，《內經‧素問‧上古天眞論》云：

> 恬惔虛無，眞氣從之，精神內守，病安從來？是以志閑而少欲，心
> 安而不懼，形勞而不倦。氣從以順，各從其欲，皆得所願。故美其
> 食，任其服，樂其俗，高下不相慕，其民故曰樸。是以嗜欲不能勞
> 其目，淫邪不能惑其心，愚智賢不肖，不懼於物，故合於道。所以
> 能年皆度百歲，而動作不衰者，以其德全不危也。〔註66〕

《內經》強調養神爲養生之主，平時對於心理的要求要控制意志，減少對物質追求及對名利的妄想與貪念，意定神閑，心理安適，不因外界事物變化而產生大的情波動，引起身體的五臟失和。〔註67〕《內經》的思想認爲：人精神意志的活動和五臟精氣的活動有著相當密切的關係，肝藏魂，心藏神，脾藏意，肺藏魄，腎藏志。人體的精神活動能夠影響五臟的精氣運行，從而影響五臟功能的發揮和五臟之間的平衡。《內經‧靈樞》：「志意和則精神專直，魂魄不散，悔怒不起，五藏不受邪矣。」所以精神活動若是不能平和調暢，而是喜怒無常，或憂思過度，都會引起臟腑精氣的紊亂，以導致臟腑機能的失調。

　　人體是由臟腑經絡等組織所構成，有氣血津液循行其間的生命整體，各臟腑之間的活動雖各司其職，錯綜複雜，但都是在心神的統合下協調有序地進行著。《黃帝內經‧素問‧靈蘭秘典論》說：「心者，君主之官也，神明出焉。……故主明則下安，……主不明則十二官危，使道閉塞而不通，形乃大傷。」因此神對形的主宰作用，對於生命形體臟腑經絡組織活動，精、氣、血、津液運行等等均至關重要。如果神的主宰作用不能正常開展，就會發生神的太過、不及等病變，不但會影響神明本身，而且影響臟腑氣血，造成形體衰敝的情況。例如七情致病中的「怒傷肝」、「喜傷心」、「悲傷肺」、「思傷脾」、「恐傷腎」等都是直接傷五臟，五臟受傷進一步又可影響及心，使君主之官動搖不安，若是再繼續發展，將影響整個生命形體，導致「形敝血盡，而功不立」的「神不使」結果。道教醫療形神理論提示我們，在病因觀上，神的病變是有物質基礎的，由於精血津液的不足，導致神失所養，產生病變，也可由於氣機失調而導致神志錯亂、情緒異常；神的失常也影響形的改變，

〔註66〕（唐）王冰次注、（宋）林億等校正：欽定《四庫全書》子部三九醫家類《黃帝內經‧素問》，第七三三冊，頁9～10。
〔註67〕韓廷傑、韓建斌著：《道教與養生》（台北：文津出版社，1997年），頁16。

神的太過與不及均可引起不同程度臟腑氣血的病變。

「形」有其固定的運行的規律，這種規律是由「神」來主導，所以人若是能掌握到自身生命的存在理性，就必須由「形」的層次通向於「神」，如此才能確立「神」在形體上的作用，使人成為「有神」之人，此神稱為「本神」。例如《靈樞‧本神》說：

> 天之在我者德也，地之在我者氣也。德流氣薄而生者也。故生之來
> 謂之精；兩精相搏謂之神；隨神往來者謂之魂；並精而出入者謂之
> 魄；所以任物者謂之心；心有所憶謂之意；意之所存謂之志；因志
> 而存變謂之思；因思而遠慕謂之慮；因慮而處物謂之智。故智者之
> 養生也，必順四時而適寒暑，和喜怒而安居處，節陰陽而調剛柔。
> 如是，則僻邪不至，長生久視。〔註68〕

這種「神」是指宇宙氣化的形上力量，並非人格化的靈體，這種形上的力量稱為「德」與「氣」。「天之在我者德也」是說明人與天是相通的，這種通的特性是「德」；「地之在我者氣也」是說明人與地也是相通的，這種通的特性是「氣」。所以「德流氣薄而生者」，是說明人與萬物都是「德」與「氣」交通後的產物，是宇宙運化與生命節奏的共振，認為人的生命形態必然要進入到宇宙的存有規律中，人的內在生命活動是與自然相應相聯的，有著一致運動變化的節律，深化了天人交通的思維架構。〔註69〕人的生命功能主要來自於精神的作用，這些精神活動豐富而多樣，可以用「神」一字來總稱呼，正常操作個體精神情志的變化，避免七情六慾過度放縱，傷害到五臟六腑，而導致疾病或暴斃。

人的肉體是形神相通的，有形的肉體與無形的神是彼此相互感應的，有著與天地運行的同理法則，在「天人相應」的法則下，人的「神」、「氣」活動是比「形」更為重要，人的生命是維持在精神與形體的結合上，是以精神保養來擴充形體的存有。例如《素問‧上古天真論》說：

> 上古之人，其知道者，法於陰陽，和於術數，食飲有節，起居有常，
> 不妄作勞，故能形與神俱，而盡終其天年，度百歲乃去。今時之人

〔註68〕 （唐）王冰次注、（宋）林億等校正：欽定《四庫全書》子部三九醫家類《靈樞‧本神》，第七三三冊（上海市：上海古籍出版社，1987年），頁336。
〔註69〕 陳樂平：《出入命門——中國醫學文化學導論》（上海：上海三聯書店，1991年），頁121。

> 不然也，以酒爲漿，以妄爲常，醉以入房，以欲竭其精，以耗散其
> 眞，不知持滿，不時御神，務快其心，逆於生樂，起居無節，故半
> 百而衰也。〔註70〕

由此可知上古之人，懂得人的形體存在是要法天則地，並且根據陰陽五行的時空對應法則來治理身體，故能「形與神俱」，才能夠「盡終其天年，度百歲乃去」，顯示人的生命存在，「養神」與「養形」是盡天年的主要方法。在形神的相通下，人可以從有限的肉體進入到無限的精神領域之中，體會到個體安身立命的養生工夫。「法於陰陽」、「和於術數」是養神的工夫，「食飲有節」、「起居有常」、「不妄作勞」則是養形的工夫，形神是建立在有節有常的生活秩序中，符合陰陽術數的運行規律，以精神的主體自覺來節制情欲，使身體符合天地之理，才能盡享百歲天年。今時之人「半百而衰」的主因在於「以妄爲常」、「欲竭其精」、「耗散其眞」、「不時御神，務快其心」、「起居無節」等上，若是切斷了形與神相通的管道，失去了精神上的滋潤，導致人的肉體也就無法有效保存了。

人的生命過程，就是從形具神生到形死神滅，「神」才是生命眞正的核心所在，所謂養生，就是要建立形神聯繫的關係，經由神的鍛鍊來充實形的存在意義，經由「順四時」、「適寒暑」、「和喜怒」、「安居處」、「節陰陽」、「調剛柔」等，以精神上的修行、自我超越，達到形神合一的生命觀，以此擴展生命的存有境界，突破生命的有限形式，進入到長存的精神領域中。這樣的生命觀，是建立在「形神統一」、「形體神用」上，就是以形爲體與以神爲用，人有了形體之後，還要積極追求如何神用的方法與技術，巫術與醫術的發達，實際上就是追求「神用」。發揮精神對形體的積極作用，這種作用不僅可以治病健身，還能開啓生命交感的創生作用，追求天人感應的生命體驗，在自我的精神修行之下，創造了生命的無限活力、能量，這種活力、能量，將精神（神）與形體（形）合而爲一，就可以將與天交感的「德」和與地交感的「氣」轉化成生命源源不絕的能量。

葛洪在《抱朴子‧內篇‧辨問》中提到養神之要說：

> 至於仙者，唯須篤志至信，勤而不息，能恬能靜，便可得之，不待

〔註70〕 （唐）王冰次注、（宋）林億等校正：欽定《四庫全書》子部三九醫家類《黃帝內經‧素問》，第七三三冊（上海市：上海古籍出版社，1987 年），頁9。

多才也。有入俗之高眞，乃爲道者之重累也。得合一大藥，知守一

養神之要，則長生久視，豈若聖人所修爲者云云之無限乎？〔註71〕

這裡提到「守一養神」之要，守一是指精神內守，指專一思精以通神，是葛洪所提倡的一種養神內修的方法。他認爲追求仙道的人，如果能夠配製一種金丹大藥，懂得精神專一守純、修身養性的要訣，就可以長生不死了。

（三）形爲神舍

生命的主體不在外在的形，而是內在的神，有關形與神二者間的關係，先秦時莊子提出了「形爲神舍」形神辯證統一的思想，《莊子·知北游》中說：

正汝形，一汝視，天和將至。攝汝知，一汝度，神將來舍。〔註72〕

莊子認爲形體具備一定條件，就能達到神舍於形，並且形神統一。基於此一觀點，他進一步借用廣成子之口，說出「治身長久」的修煉之道。在《莊子·在宥》中說：

無視無聽，抱神以靜，形將自正。必靜必清，無勞女形，無搖女精，

乃可以長生。目無所見，耳無所聞，心無所知，女神將守形，形乃

長生。〔註73〕

莊子這段話是從形神統一、形神相通觀點出發，以道家的「清靜無爲」作爲修煉的指導，以達到長生的論述，這是道家修煉學說的總綱，也爲道教日後的各種修煉方法，確定了根本的原則。

醫家經典《黃帝內經》也是以形神統一、形神相通的觀點，爲其生命學說的基礎。《靈樞·天年》說：「何者爲神？」歧伯曰：「血氣已和，營衛已通，五藏已成，神氣舍心，魂魄畢具，乃成爲人」。這種說法和莊子的「形爲神舍」觀點是完全一致的；《黃帝內經》強調神的物質基礎，《靈樞·本神》說：「兩精相搏謂之神」。《靈樞·平人絕穀》說：「故神者，水穀之精氣也。」所以《素問·移情變氣論》說：「得神者昌，失神者亡」，便是把神視爲人體生命的根本，形的主宰。早期道教經典《太平經》即很好承繼了先秦道家、醫家的形神統一、形神相通的思想。《太平經》指出的「守一之法」，直接上承至莊子的形神統一、形神相通和清靜無爲論，指出：

獨貴自然，形神相守。

〔註71〕《抱朴子·內篇·辨問》，卷12，頁224。
〔註72〕（晉）郭象注、（唐）成玄英疏、（清）郭慶藩集釋：《莊子集釋》，頁376。
〔註73〕（晉）郭象注、（唐）成玄英疏、（清）郭慶藩集釋：《莊子集釋》，頁207。

古今要道，皆言守一，可長存不老。人知守一，名無為之道。人有
一身，與精神常合併也。形者乃主死，精神者乃主生。常合則吉，
去則凶。〔註74〕

從上述說明可以知道，「守一」之法是在形神統一、形神相通思想下的修煉精
神的實踐工夫，人要掌握生命存在的理性，就必須由「形」通向「神」，確立
「神」在形體上的作用，為日後道家「性學」奠定了基礎。

（四）形神相依

玄學是一種崇尚老莊的哲學思潮，其內涵有著濃厚的生命哲學和養生思
想。玄學家在魏晉時期政治動盪的社會中，通過對虛偽名教的批評和生命本
真的關注，使養生之風盛行一時。玄學興起於曹魏正始年間（西元 240 年–249
年），盛於魏晉，流風及於南北朝，可分為正始、竹林、西晉、東晉等四個發
展階段。玄學的主題雖然是自然與名教的論辯，實質是從本體論的角度來探
討人如何生活才有意義及價值？人如何才能超越世俗社會的束縛而獲得自
由？所以玄學的養生思想既包括對精神自由的追求，也包括對形體生命自由
的嚮往——在時間上：無限延長，在空間上：自由自在。或許真正的自由自
在在世俗社會中是無法實現的，因此玄學家轉而將自己的生命理想寄託於神
仙世界，從而促使以形體的長生不死、自由愉悅為宗旨的神仙說在社會上流
行。魏晉名士從「形恃神以立，神須形以存」的形神觀出發，提倡「修性以
保神，安心以全身」之看法。

嵇康他在〈養生論〉中認為人是能夠長壽的，但世人卻多短命，是因為
不精於養生之道。養生包括精神和形體兩方面，他說：

修性以保神，安心以全身。愛憎不栖於情，憂喜不留於意，泊然無
感，而體氣平和，又呼吸吐納，服食養生，使形神相親，表裏俱濟
也。〔註75〕

以精神修養而言：「修性以保神，安心以全身。愛憎不栖於情，憂喜不留於意，
泊然無感，而體氣平和」，以形體調養而言：「呼吸吐納，服食養生，使形神
相親，表裏俱濟也」。內在要「保神」，外在要「全身」，人的現實生命才是圓
滿的。向秀作〈難養生論〉，對嵇康「絕五穀、去滋味、窒情欲、抑富貴」等

〔註74〕 王明：《太平經合校》，頁 435。
〔註75〕 嵇康：〈養生論〉載蕭統編李善注：《文選》卷五十三（台北：五南書局，1991
年 10 月），頁 1290。

養生主張提出批評，嵇康又作〈答難養生論〉，進行答辯。他說：

> 養生有五難：名利不滅，此一難也；喜怒不除，此二難也；聲色不
> 去，此三難也；滋味不絕，此四難也；神虛精散，此五難也。五者
> 必存，雖心希難老，口誦至言，咀嚼英華，呼吸太陽，不能不回其
> 操，不夭其年也，五者無於胸中，則信順日濟，道德日全，不祈善
> 而有福，不求壽而自延，此養生大理之都所也。〔註76〕

從現實來說，功名利祿、喜怒之情、聲色犬馬、酒肉葷腥、神虛精散，會使
人勞精費神而損害身體，都是養生的大忌，因此提出：以大和〈無樂〉為至
樂，以恬淡〈無味〉為至味，是為養生之至理。嵇康認為善養生者，應該「清
虛靜泰，少私寡欲」，「無為自得，體妙心玄」，這樣下去就可以與仙人齊壽。
嵇康對於神仙說持肯定的立場，相信經由當時較為進步的觀念，如醫學、服
食等，可以保養形軀的存在；認為人的生命是由形神相合而成，都是以自然
為本體，提倡形神俱妙。

　　魏晉玄學家大都認為人的生命是由形神相合而成，但是對側重於「保
形」，還是通過「保神」以追求精神的超越與昇華，卻有不同的看法。魏晉玄
學中雖然有何晏、王弼的貴無，裴頠的崇有和郭象的獨化等不同派別，但大
體來說，都是以自然為本體，提倡形神俱妙。所以玄學家所說的養生是：「順
天和以自然，以道德為師友，出陰陽之變化，得生長之永久，任自然以托身。」
即追求順應自然來頤養身心。

　　魏晉南北朝之所以能成為道教養生學的定型期，是因為葛洪總結過去道
教的養生功夫。葛洪作為宗教家，一方面受玄學的影響，以有與無相統一的
「玄道」作為宇宙之本及養生之道。但另一方面，在形神關係上，他則相信
肉體能夠長生，因此他的養生更側重於「保形」，並將保持肉體長生作為個體
生命超越的先決條件，透過精、氣、神的修煉及服食金丹來「保形」，以達到
形體永固之目的，促成了魏晉道教仙學的重點放在追求形體長生。

　　《抱朴子‧內篇》繼承了先秦道家和早期道教經典《太平經》的思想，
把人當成是「形、氣、神」相互影響制約、統一的生命整體。「氣」在構成一
個人生命的基本材料中，占有特殊地位。葛洪以「身國同治」、互相比擬來凸
顯「精」、「氣」、「神」與生命存養之間的關係，他說：

〔註76〕嵇康：〈答難養生論〉《新譯嵇中散集》（台北：三民書局，1998年5月），頁
　　　　235。

　　故一人之身，一國之象也。胸腹之位，猶宮室也。四肢之列，猶郊
　　境也。骨節之分，猶百官也。神猶君也，血猶臣也，氣猶民也。故
　　知治身，則能治國也。夫愛其民所以安其國，養其氣所以全其身。
　　民散則國亡，氣竭即身死，死者不可生也，亡者不可存也。〔註77〕

形體是人存在的有形基礎，也是氣和神賴以存在和發揮作用的載體，而氣是
人體存在的生命動力和根本源泉，神及心裡意識和精神結構，對人體中形、
氣和整個人的生命活動起著統領和制約作用〔註78〕。葛洪把人的生理器官類
同於國家機構，存在著高下主從的相互關係。人體中「氣」是基礎，「神」是
統帥，「精」是歸宿，如同一國之內的君、臣、民，三者相互依存，協調控制
人的生理器官各種功能，最終使生命得以長久。他對形神論的重要看法如下，
說：

　　夫有因無而生焉，形須神而立焉。有者，無之宮也。形者，神之宅
　　也。故譬之於堤，堤壞則水不留矣。方之於燭，燭糜則火不居矣。
　　〔註79〕

這裡他受玄學影響，先以有、無哲學範疇來說明形、神；認為形是神寄寓的
宅舍，而神是宅舍的主人，使形神具有本體論的基礎。然後再以堤水、燭火
來比喻形神，如同築堤蓄水，一旦堤決，水蕩然而去不留堤內，使一般人對
生命現象能夠獲得直觀清楚的認識。葛洪把形神關係講得更為透徹，主張「形
神相依」、形存神在、形敗神亡，生命是由形體和精神相互配合而成的，如此
一來形神之於生命，猶如電腦的軟硬體之於電腦，缺一不可。他肯定形體的
保存有其重要性，只有形體存在，精神才能存在，因此如何保持形體成為神
仙道教最重要的考慮，金丹、仙藥的服食，基本上就是為了保持形軀的不朽。
這個「形神相依」的思想，成為道教重視形體之軀的修養鍛鍊的思想源泉，
形成道教獨特的性命雙修、形神並完的無比優越的養煉體系。

（五）形神兼修

　　在形神統一觀的指導下，道教提出了內煉體系中的「精、氣、神」三寶
學說。《太平經》云：

〔註77〕《抱朴子‧內篇‧地眞》，卷18，頁326。
〔註78〕陸豔、陳懷松：〈《抱朴子‧內篇》養生思想與方術探討〉《黃山學院學報》，第
　　　　11卷2期，2009年4月，頁54。
〔註79〕《抱朴子‧內篇‧至理》，卷5，頁110。

> 夫人本生混沌之氣，氣生精，精生神，神生明。本於陰陽之氣，氣
> 轉精，精轉爲神，神轉爲明。欲壽者，當守氣而合神精，不去其形，
> 念此三合以爲一。〔註80〕

這裏清楚說明了氣與精是神產生的先決條件與基礎。若想要使神保存於形
內，這個形就必須是堅固的，永遠不壞的。要如何做到呢？葛洪認爲要養
「氣」。因爲「氣」是構成生命的質料，世界上的一切都是由「玄」或「氣」
產生的，是生命的根源和生機所在。他說：

> 渾茫剖判，清濁以陳，或昇而動，或降而靜，彼天地猶不知所以然
> 也。萬物感氣，並亦自然，與彼天地，各爲一物，但成有先後，體
> 有鉅細耳。〔註81〕

萬物由於陰陽之氣交感，自然蘊釀而成的。而人是萬物中的一種，「夫人生先
受精神於天地，後稟氣血於父母」〔註82〕，故氣存則身存，氣竭則身死，要
養其氣才能全其身。

　　氣爲萬物存在的生命基礎，萬物皆爲氣在其中的存有形式，故人之生死，
亦繫於一氣。葛洪說：「而受氣各有多少，多者其盡遲，少者其竭速。」〔註
83〕因爲稟氣有純雜厚薄的差別，所以萬物形態各異其趣，生命長短不一。站
在人的立場來說，每個人稟氣有質、量上的差別，其在生命歷程中的耗氣、
損氣亦不相同。一般而言，若隨順生命的自然狀態，氣必因損而衰，因衰而
竭。但若能藉某種工夫補充其氣，使之存於身而綿綿不竭，則此身便可長存。
所以個體生命的夭壽以氣爲標識，而生命短長繫於自身氣的變化。

　　葛洪懼於形軀的快速腐朽，急呼趕緊去修習長生久視的玄妙之道。他在
〈勤求〉說：

> 且夫深入九泉之下，長夜罔極，始爲螻蟻之糧，終與塵壤合體，令
> 人怛然心熱，不覺咄嗟。若心有求生之志，何可不棄置不急之事，
> 以修玄妙之業哉？〔註84〕

人一旦死後，起初是螻蟻的糧食，最終是腐敗的形體與土壤合而爲一，這種
感覺令人心焦，應該趕緊去修習長生久視的玄妙之道。因此進一步主張「形

〔註80〕 王明：《太平經合校》，頁588。
〔註81〕 《抱朴子‧內篇‧塞難》，卷7，頁136。
〔註82〕 《抱朴子‧內篇‧勤求》，卷14，頁255。
〔註83〕 《抱朴子‧內篇‧極言》，卷13，頁240。
〔註84〕 《抱朴子‧內篇‧勤求》，卷14，頁254。

神兼修」，他認爲：

> 所謂術者，內修形神，使延年愈疾，使禍害不干。

> 苟能令正氣不衰，形神相衛，莫能傷也。〔註85〕

形神並重、形神兼修爲葛洪的養生思想，爲魏晉道教神仙教派在形神論史中的奠基者，葛洪兼論形神，是一種修正派的說法。葛洪論養生之方，與魏晉名士相比，較不喜歡作玄虛之談。從先秦老子論養生開始，就從形而上的養神之說談起，至莊子時，更將其實際的體驗提昇至心靈的自由、逍遙的境界。魏晉名士論養生，一來由於莊子已多精義，二來由於先秦兩漢方士醫學的發達，在養形的醫術和方術上有長足的進步，因此轉而著重在養形的工夫；嵇康發端，葛洪承續於後，他們二人兼論形神的修養，即使是養神之說，也有實際身心修養的操作實踐工夫，這是魏晉養生說的一大特色。學者李豐楙認爲：「從養生論史的發展考察，嵇康以至葛洪，並非是從精神之養降而求形體之養，而應該說是在莊子的養神說之上，配合當時進步的醫學技術進而坐養形工夫，這是進步之處。」〔註86〕

　　從上述的說明我們可以知道生命的主體不在外在的形，而是內在的神，「神」是指人身抽象的生命體，人體的性情、意志、精神、魂魄等都是「神」的作用，它雖然不是實有之體，卻能主宰生理形體的心理現象、意識現象與精神現象。因此可知「神」是形的精神內涵，形不離神，同樣神也不離形，形神是一體互成的，人的生命體驗不能只著重在有形的身體，更要契合到精神的心靈境界。中國文化形態下的宗教，大多重視明心見性的生命體驗，重視「以神養形」來成就自主的生命人格。除了「神」之外，也強調「氣」，以氣來促進形神的和合作用，強化人與天地感通的關係。「氣」是感通形神，維繫生死的關鍵。「氣」是神的踐形作用，可以將生命的主體意志由內向外擴充，人性的宇宙性也因爲精氣的瀰漫而重新復活，體證萬物畢得。〔註87〕所以把「氣」養好，使「精氣」永存體內，形神俱妙，則人就可以長生不死。「氣」可以視爲是「神」的發用，是生命意志的主體作用，將人的形神與天地之氣相互關聯起來，就可以達到肉身成道的實現目的。

〔註85〕《抱朴子‧內篇‧極言》，卷13，頁244。

〔註86〕李豐楙：《不死的探求——抱朴子》（海南：三環出版社，1992年），頁265～266。

〔註87〕楊儒賓：《儒家身體觀》（台北：中央研究院中國文哲研究所籌備處，1996年），頁56。

　　道教重視形神一元的生命體驗，從身體到心靈的生命修煉工夫，來啓發生命相應於宇宙的永恆性，進入到終極實體所成的境界之中，這就是道教生命極致的體驗成就。理想的長生不死狀態即神仙狀態，故「氣」是個人修道及仙的生命基礎。葛洪由此發展出一套導引行氣，形神兼修的修道工夫實踐，這對生命的延護，精神的調理，是具有積極意義的。中國傳統醫學和道教醫學這種「以神爲主導」的生命觀，非常重視精神（神）對肉體（形）的巨大影響，與現在社會只見物質，不見精神的片面觀念，有很大的差別。因此道教性命雙修、形神並煉的理論與操作實踐工夫，在現今社會的保健養生中，依然有著重要的地位與作用。

四、臟腑經絡學說的身體觀

　　中國醫藥起源甚早，在西元前三千年前的仰韶文化時期，就已懂得使用砭石，或稱爲石鐮、砭鐮、石針，爲近似鐮刀的器具，其尖銳之處可刺，鋒刃地方則可以用來切割。針灸按摩之術，實爲最古老的醫術。早在原始時期，原始人對病痛之處自然地加以撫摸按壓，或使病痛減輕，這可以說是針灸按摩治病之起源。商代按摩已經爲常見治病的方法。從甲骨的卜辭，我們可以知道殷商已有相當的醫療知識與技術，根據甲骨文記錄，當時對人體解剖部位名稱有二十五個，有關各科疾病共有四十餘種，有內、外、婦、兒、五官、皮膚等疾病，已能區分不少的特殊病症。相關的治療方法，從卜辭中可以看出當時已能熟練地使用按摩、灸治、砭刺、酒療、藥物、拔牙、治外傷等方法，〔註88〕由此可見醫療的專業化。從對病因的觀念傳承來說，醫與巫相似，主要偏重在交通鬼神，以求人體與宇宙的整體和諧，醫術和巫術長期以來就是共軌發展的。

　　醫除了「用酒」之外，也累積「採藥治病」的醫療相關知識，從《山海經》裏記載的有關藥用的動物、植物、礦物等用藥多達一百多種，目的多元，有可供：食用、治病、避邪、調節生育能力、健身、調神、美容等，由此觀之當時防治疾病，已有相當多樣的物質手段。採藥與施藥者，多爲巫或是同時具有巫醫身分的人；具有雙重身分的巫醫，既能以巫術來驅邪治病，也能以醫藥來消災解病，逐步發展出來的物理治療手段，從按摩導引到灸熨針砭，除了重視自身肉體的保健之外，也期待能藉由疏通血氣，以維持穩定的身心

〔註88〕高春媛、陶廣正：《文物考古與中醫學》（福建福州：福建科學技術出版社，1993 年），頁 39～63。

狀態,其原本目的是爲了通神明與參天地,轉而成爲人們自救保健的相關技術,從指壓按摩到砭石、針灸等替代物,理解到自身氣血運行的道理,進而發現了經絡與穴位,學會了在徑路上重複地按壓與灸灼。〔註89〕

如大家所知道的,經絡學說是中國傳統醫學用藥、針灸、按摩、氣功等的基礎理論,同時也是道教生命理論及性命雙修學說的重要原理。道教既然以長生成仙爲其宗教主旨,所以重視人體的生命機理,從先秦以神仙家爲內涵的方士醫學中,經過不斷的觀察、體驗和探索,道教形成了具有自身特色的生命觀(形神統一)和生理學說(經絡和臟腑)。從道教的生命觀,我們可以知道人體是由精、氣、神這三大要素構成的,以氣爲本,使內外身心相聯、形神相合的生命系統。在形神統一的生命觀下,道教構成了以精氣神爲生命本質,以經絡和臟腑爲生命主要形態的生理學說。這一學說上承先秦兩漢的中國傳統醫學中的經絡、臟腑理論,在道教形成之後,結合道教的修煉和宗教學說,使得道教的生命理論與修煉體驗相互融合,並籠罩著一層宗教神學的色彩,形成了道教生命理論的鮮明特色。

(一)臟腑學說之內涵

早在先秦時期的方士醫學,便在人體解剖學基礎上,對人體的內臟器官構成與作用,便有了初步的認識,逐漸形成了中國傳統醫學中的臟腑學說。《靈樞・經水》說:

> 若夫八尺之士,皮肉在此,外可度量切循而得之,其死可解剖而視之。其藏之堅脆,府之大小,穀之多少,脈之長短,血之清濁,氣之多少,十二經之多血少氣,與其少血多氣,與其皆多血氣,與其皆少血氣,皆有大數。其治以鍼艾,各調其經氣,固其常有合乎。
> 〔註90〕

此處清楚說明了先秦醫學的水準,通過人體解剖來認識臟器的情況。在解剖生理學的基礎上,加上長期體驗與經驗的累積,形成了中國傳統醫學的核心理論臟腑學說。《黃帝內經》依據臟腑的生理功能特點,分爲五臟、六腑和奇恒之腑。五臟是指心、肺、脾、肝、腎;六腑是指膽、胃、小腸、大腸、膀胱、三焦;奇恒之腑是指腦、髓、骨、脈、膽、女子胞(子宮)。《黃帝內經》

〔註89〕馬伯英:《中國醫學文化史》(上海:上海人民出版社,1994年),頁192。
〔註90〕(唐)王冰次注、(宋)林億等校正:欽定《四庫全書》子部三九醫家類《靈樞經・經水》,第七三三冊,頁348。

認為五臟的功能是化生和貯藏精微物質，而六腑的功能則是受盛、傳輸水穀和排泄糟粕。所以《內經‧素問‧五臟別論》說：

> 所謂五臟者，藏精氣而不瀉也，故滿而不能實。六腑者，傳化物而不藏，故實而不能滿也。所以然者，水穀入口，則胃實而腸虛；食下，則腸實而胃虛。故曰：實而不滿，滿而不實也。

> 腦髓骨脈膽女子胞，此六者地氣之所生也，皆藏於陰而象於地，故藏而不瀉，名曰奇恆之府。〔註91〕

奇恆之腑，不與水穀接觸，與五臟有類似的作用，都是藏而不瀉。從上述的分類中，我們可以發現「膽」既屬於六腑，也屬於奇恆之腑，這是來自古人對膽的功能認識而來，一方面膽與胃腸等器官相近，另一方面其性質又屬於「藏而不瀉」，所以才會既屬於六腑，也屬於奇恆之腑。

　　道教依據《黃帝內經》的臟腑原理，結合內修與外煉的操作實踐工夫與宗教神學，創造了一套道教生命修煉的身體觀理論體系，集中體現於道教經典《黃庭經》之中。成書於魏晉時期的《黃庭經》，是道教著名的經典，深受歷代養生家的重視。唐代務成子註解《上清黃庭內景經》中的〈黃庭內景〉說：

> 黃者中央之色，庭者四方之中也。外指事，即天中、人中、地中：內指事，即腦中、心中、脾中。故曰黃庭內景者，心也；景者，象也。外象諭即日月星辰雲霞之象；內象諭即血肉、筋骨、藏府之象也。心居身內。存觀一體之象色，故曰內景也。〔註92〕

可以知道《黃庭經》以天人相應的觀念，來說明人體中腦、心、脾等血肉、筋骨、臟腑的形態作用與特徵。《黃庭外景經》相傳為東晉魏華存夫人所傳〔註93〕，

〔註91〕（唐）王冰次注、（宋）林億等校正：欽定《四庫全書》子部三九醫家類《黃帝內經‧素問》，第七三三冊，頁46。

〔註92〕劉連朋、顧寶田注譯：《黃庭經》（台北市：三民書局，2013年），頁5。

〔註93〕《黃庭經》是道教上清派的重要經典，也被內丹家奉為內丹修鍊的主要經典，屬於洞玄部。書中認為人體各處都有神（泥丸百節皆有神），首次提出了三丹田的理論。介紹了許多存思觀想的方法。關於內外經的作者、成書年代及其相互關係，向來有多種說法。《黃庭經》中的存思法，承歷臟法，而加以精緻化、體系化，是古代道教推行的主要修煉方法之一，由於注重意念，靜思默想，簡便易行，很適合士大夫的口胃，故東晉以來，在社會上廣為流傳。《黃庭經》所述的一些內修養生之術，與《周易參同契》的煉丹之道相結合，在唐宋時期流變為內丹道，成為中唐以後道教煉丹養生方術的主流。葛洪《抱朴子‧內篇》所引述的是《黃庭內景經》。

經中以古道經中人身臟腑有主神之說為本，結合中國傳統醫學的臟腑學說，闡述道教醫學修煉的醫理根據及長生久視的要訣。南朝時有《黃庭內景經》，以七言詩歌形式，將人體分為上、中、下三部，詳細說明五臟的構造、性質及諸神及闡述修煉臟腑的要訣。其法重在「存守」，認為人體有「八景二十四眞」之神，每個臟器均有神靈，存思諸神，則能通靈，洞觀自然，養精煉氣，就能長壽成眞。其中五臟各有神靈的說法，雖然是結合了宗教神學的說法，但是對人體五臟特點及生理、病理的分析，大體是符合實際的。葛洪在《抱朴子‧內篇‧至理》說：

> 是以遐棲幽遁，韜鱗掩藻，遏欲視之目，遣損明之色，杜思音之耳，遠亂聽之聲，滌除玄覽，守雌抱一，專氣致柔，鎮以恬素，遣歡戚之邪情，外得失之榮辱，割厚生之臘毒，謐多言於樞機，反聽而後所聞徹，內視而後見無朕，養靈根於冥鈞，除誘慕於接物，削斥淺務，禦以愉慎，爲乎無爲，以全天理爾。乃父吸寶華，浴神太清，外除五曜，內守九精，堅玉鑰於命門，結北極於黃庭，引三景於明堂，飛元始以煉形，採靈液於金梁，長驅白而留青，凝澄泉於丹田，引濬珠於五城，瑤鼎俯爨，藻禽仰鳴，瑰華擢穎，天鹿吐瓊，懷重規於絳宮，潛九光於洞冥，云蒼鬱而連天，長谷湛而交經，履躡乾兌，召呼六丁，坐臥紫房，咀吸金英，曄曄秋芝，朱華翠莖，晶晶珍膏，溶溢宵零，治飢止渴，百痾不萌，逍遙戊巳，燕和飲平，拘魂制魄，骨填體輕，故能策風云以騰虛，並混輿而永生也。[註94]

他融合老莊養神哲學，與神仙家的養形思想，提出人要隔絕外在世界干擾，才能向內在的身體世界探求，進而反聽內視，他從仙道立場提出另外一種驗證之道，描繪身體內在世界的情形，並說明身體內在世界是可以驗證的。

（二）經絡學說的發現

經絡學說是中醫治病與道教修煉極其重要的基本理論，經絡系統的發現與創立，是醫道一體的重要成果。道教醫療是一種經驗醫學，是長期生活智慧系統化的產物，經絡體系的建立，雖然無法被西方主流醫學所證實，卻也是一種無法被排斥與否定的醫療技術，事實上經絡是人體的一種特殊的客觀存在，這種存在又非生理、解剖等現代人體科學所能證實的，所以它是一種

[註94] 《抱朴子‧內篇‧至理》，卷5，頁111。

特殊的存在，我們可以把它稱爲「形而上」的人體生命體系。因此，對這種形而上的生命體系的發現，就不可能用一般「形而下」的方法去驗證，只能是用內省、感悟的體驗方法，即人體超常智能的內求法，如「內視」、「透視」等功能的運用，而這種方法又是和古代神仙方士的修煉密切相關。〔註95〕經絡體系的建立，有著調節身體機能的醫療、養生作用，擴大針灸的實踐功能，後來發展成完備的理論體系。

　　從馬王堆出土的醫書共有十四種，其中帛醫書十種中屬於經脈和診斷學著作，分別爲：《足臂十一脈灸經》、《陰陽十一脈灸經》、《脈法》、《陰陽脈死候》等，是古代有關經絡研究的文獻，經絡學說的形成可能在戰國時代已認識，至西漢初而成型。這一時期，神仙家及方士出身的醫家大量出現，這些方士醫家，在以呼吸冥想爲主要方式的修煉中，有的出現了內視功能，有的從內氣運行路線的體驗中，感悟到了經絡的存在及其形態、結構，因此產生了經絡學說。這些文獻記載了人體十一條經脈的脈名，循行路徑、疾病症候與治療法則，包含有診斷十一脈疾病的脈診。〔註96〕能根據脈相來判斷疾病，是長期臨床經驗累積的結果。

　　經絡的發現與方士醫學的觀察、體驗分不開。先秦時期對經絡學說的偉大發現，是方士醫學與中國傳統醫學互相融通的結果，亦即爲醫、道結合，道醫一體的貢獻。到漢代時，經脈學說已有相當程度的發展，發現了人體的經絡系統，並且清楚記錄經絡循行的路線圖與經絡上的治療點。這形成後來《黃帝內經》經絡學說的主要資料來源，從十一條脈發展到十二經脈，從互不相屬到向心性循行，建構出龐大的經絡系統。到了《黃帝內經》時，經絡體系學說已達眞正完備，甚至達到後人也難以修改或取代的境地。〔註97〕《黃帝內經》在經絡學上有相當大的突破，從十一條脈發展到十二經脈、奇經八脈、十五經絡、十二筋經、十二皮部、二百餘穴位等，雖然後代增加穴位至七百多個，但是經脈的基本架構一直流傳至今。根據經絡的循行部位，便可以知道局部的病變與內臟的關係，從而了解其病理的眞相。〔註98〕

　　《黃帝內經》將前人有關經絡觀念加以繼承、發展、改造與完善的歷程，

〔註95〕王慶餘、曠文楠：《道醫窺秘──道教醫學康復術》（台北市：大展出版社，2000年），頁85～86。

〔註96〕周一謀等：《馬王堆醫學文化》（上海：文匯出版社，1994年），頁14。

〔註97〕廖育琴：《岐黃醫道》（遼寧瀋陽：遼寧教育出版社，1991年），頁15。

〔註98〕陳九如編著：《黃帝內經今義》（台北：正中書局，1986年），頁118。

是人們經過數千年與疾病抗爭的實踐過程中，由體會、口傳、記載、整理而成的。經絡的生理活動稱之為經氣，其主要功能是溝通表裏上下，聯繫臟腑器官，調節臟腑與肢節的關係，溝通臟腑與五官九竅之間的關係，另外也有運行氣血、濡養臟腑、抗御外邪等作用。〔註99〕《靈樞‧經脈》：「經脈者，所以決死生，處百病，調虛實，不可不通。」這種對人體經脈的重視，從與鬼神相通，到重人性命，強調氣血的流通，這種「通」是有其形上學的依據，是寄託在天人相應的氣化觀念上，意識到人氣與天地之氣的交涉之理。

（三）經絡學說之內涵

何謂經絡？經絡是人體經脈和絡脈的簡稱，上下直行曰經，左右橫行曰絡。人體是一小天地，地面上的溝渠江河，猶如人體中的經脈和絡脈。經絡為人體中的精、氣、神運行的通道，左右貫通、前後相連、周流不息。《黃帝內經‧靈樞》大概出現於東漢，在《黃帝內經》時代，古人對於經絡的起止、功能、作用、穴位、流注有著非常確切的論述。例如《黃帝內經‧靈樞‧經脈》說：

> 經脈者，所以能決死生、處百病、調虛實，不可不通。

> 夫十二經脈者，人之所以生，病之所以成，人之所以治，病之所以起，學之所始，工之所止也。麤之所易，上之所難也。〔註100〕

《黃帝內經》強調認識經絡的重要性，因為它與保健、療疾、生死密切相關，說明對經絡學說的認識、掌握與運用，直接決定醫者診治的功效與水平的高下。

1. 十二經脈

經絡是經脈和絡脈的總稱，「經」意指「路徑」的意思，經脈是溝通臟腑表裏相聯，與四肢內外相合，貫通人體上下，是經絡系統中的主幹。「絡」意指「網路」的意思，它是經脈的分支，縱橫交錯，網絡全身。經脈可分為正經與奇經兩類，正經十二條，為氣血運行的主要通道，維持人體臟腑生命活動的主要部分。分別為手三陰經：手太陰肺經、手厥陰心包經、手少陰心經。手三陽經：手陽明大腸經、手少陽三焦經、手太陽小腸經。足三陰經：足太陰脾經、足厥陰肝經、足少陰腎經。足三陽經：足陽明胃經、足少陽膽經、

〔註99〕 王慶憲、梁曉珍：《醫學聖典——黃帝內經與中國文化》（河南開封：河南大學出版社，1998年），頁24。

〔註100〕 （唐）王冰次注、（宋）林億等校正：欽定《四庫全書》子部三九醫家類《靈樞經‧經脈》，第七三三冊，頁347。

足太陽膀胱經。奇經八條稱爲「奇經八脈」，具有統率、調控十二經脈的作用，它們不與臟腑相屬，互相之間也沒有配合協調，所以稱爲奇經。分別爲：任脈、督脈、沖脈、帶脈、陰維脈、陽維脈、陰蹻脈、陽蹻脈。在道教修煉與治療中，主要是以奇經八脈爲重點。絡脈是經脈的分支，圍繞全身，加強經脈之間與人體表裏的聯繫，有十五別絡（十二經脈及任脈、督脈各有一別絡，再加上脾之大絡），別絡就是本經別支鄰經，可以加強表裏陰陽兩經的聯繫與調節。深絡（絡脈浮行於體表表淺的部位）及孫絡（指細小絡脈，遍布全身，是絡脈最小的分支）。

經絡的功用有二，一是能夠運行氣血，將精緻物質輸送到全身，從而保證全身各個組織器官能有正常的活動能力，例如《黃帝內經‧靈樞‧本藏》說：「經絡者，所以行血氣而榮陰陽，濡筋骨，利關節者也。」二是能夠傳導訊息。人體中的臟腑、經絡構成一個巨大的信息網，如果臟腑有病，會成爲信息源以經絡爲通道，表現在相關的經絡穴位或是本身系統的功能器官上。例如大怒之人，容易出現肋間脹滿、胃脹，食慾不振，兩目脹痛、頭痛等病狀；這是因爲怒氣傷肝，肝氣上沖，在經絡走行上肝經分佈於肋間，挾著胃旁，連接於目系，最後上行巔頂所產生的。這些症狀，有時會出現一種或幾種，有時會全部出現，隨著怒氣大小和個人體質的不同而有差異。

經絡爲聯繫人體五臟六腑、五官九竅、四肢百骸、皮肉筋骨等內外各部器官、組織的聯繫網絡，使氣血可以周流全身，讓人體小宇宙的運行達到表裏協調、形神共濟，成爲一個統一平衡的整體。經絡的作用如此神奇，是因爲經絡的走行分佈精細而嚴密，表裏陰陽配合得當。經絡系統中十二經是最基本的，其中肺與大腸、脾與胃、心與小腸、腎與膀胱、肝與膽表裏相合，能解釋臟象的理論，陰經與陽經相協調，這是陰陽對立統一的理論。《黃帝內經‧靈樞‧海論》說：「夫十二經絡者，內屬於臟腑，外終於肢節。」《黃帝內經》概括出經絡的主要臟器及走向，手三陰經由胸走手，手三陽經由手走頭，足三陽經從頭走足，足三陰經從足走腹。如此走向，能讓全身內外上下「陰陽相貫，如環無端」。經脈流注每日一周期，十二經與十二時辰相配合，這是一天中的變化，四季中經氣又各有不同，從而形成了一定的經脈循行的時間規律，爲我們留下了「子午流注」這一神奇有效的針灸治療方法。十二經的走行分佈如此精巧，直到現在仍然指導著針灸的治療，一般來說十二經的學說，主要用途在於醫療，同時也是生命活動的基礎。

2. 奇經八脈

奇經八脈不直屬臟腑，又無表裏配合，所以稱爲「奇經」。當十二經經氣有餘時，便灌注奇經八脈，當十二經氣血不足時，奇經之氣又注入十二經維持人體機能活動。所以奇經八脈對道教醫學的診療、養生，具有重要的指導意義。八脈中督脈行於背，統領諸陽脈；任脈行於腹，榮養諸陰脈。沖脈行於腹側，爲十二經之海；帶脈橫繞小腹、約束諸經。陰陽蹻脈始於足，是陰陽二氣相交之路；陰陽維脈也起於足，可以維繫全身陰陽表裏的聯繫。十二經氣血充足時，則蓄積於奇經，不足時，奇經又會補充，所以奇經可說是十二經的協調管理部門兼後勤供應。如果奇經與十二經協調得當，經氣充足，人體自然健康。

奇經八脈中最主要的任、督二脈，也只有這二脈有自己的穴位。督脈起於胞中，下出會陰，向後行於脊柱的內部，沿脊柱上達頂後風府，入腦內，上行於巔頂，沿前額下行至鼻柱。因爲背爲陽，督脈行於背部，能統攝全身陽氣，故稱之爲「陽脈之海」。任脈起於胞中，下出會陰，經陰阜，沿腹正中線上行，通過胸部、頸部、上達下唇內，環繞口唇、上至齦交，分行至兩目下。腹爲陰，任脈行於腹部，與全身所有陰經相聯，總任一身陰經之氣，故稱之爲「陰脈之海」。〔註101〕沖脈爲「五臟六腑之海」，又稱爲「十二經脈之海」。經絡學說對道教的養煉和道醫運用經絡來按摩、針灸和佈氣等醫療手段來診治病患、強身健體，均極爲重要，所以歷來對經絡學說進行了深入的研究，《道藏精華》收入許多有關經絡學說的重要著作。

3. 穴位理論

早期人類基於動物自救的本能反應，自己或請他人將手局部或是指壓疼痛處，達到止血消痛的自我按摩治療。按摩技術著重在以手按捏身體的有關部位，來活絡筋骨與氣血，以消除疼痛或是治療疾病。後來發展出替代手的按摩工具，在石器時代人們就已經會磨製砭石，並且以其鋒利之處來磨擦皮膚的痛點。有的則磨製成針形，稱爲針石，屬於砭石的一種，專門針刺在氣血臃腫聚結之處。相傳黃帝制九針，已經有了各種不同材質的砭針，可以用來針刺治病或排膿放血。後來隨著火的普遍使用，先民發現灸熨的效果也不錯，向患處噴火酒，或用香草火薰，之後發現艾草的效果特別好，形成了艾

〔註101〕韓廷傑、韓建斌：《道教與養生》（台北市：文津出版社，1997 年），頁 104
　　　～109。

灸的治療技術。人們將針砭療法和灸熨療法二者結合成針灸療法，是古代流傳下來的按摩養生技術，根據甲骨文的記載，大約在商代時，人們已經懂得將針砭療法和灸熨療法結合成針灸療法，並且已經有相當純熟的技術。〔註102〕

　　針灸有調理氣機與治療疾病的功能，在於對人體腧穴與經絡的發現，認知到刺激這些部位，就能透過調整人體的氣血，達到消除疾病與恢復健康的目的，這種認知原先是粗淺模糊的，經過漫長的實踐與總結，才逐漸形成完整的腧穴與經絡的概念。〔註103〕與經絡學說密切相關的，方士醫學和道教醫學還創立了「穴位理論」。穴位是人體臟腑經絡氣血輸注出入之處，對於人體的生理、病理來說，極為重要。所以道士修煉意守、按摩、導引及道醫診治針灸時，均離不開穴位的認識。《黃帝內經‧靈樞‧九鍼十二原》及《靈樞‧小鍼解》說：

> 節之交，三百六十五會，知其要者，一言而終，不知其要，流散無窮。所言節者，神氣之所遊行出入也。非皮肉筋骨也。〔註104〕

> 節之交三百六十五會者，絡脈之滲灌諸節者也。〔註105〕

此處說明人體有三百六十五個穴位，穴位的作用，是神氣出入遊行與灌注之處。穴位的名稱又稱為腧、俞、輸、節、會等。《黃帝內經》依據腧穴的分佈與作用分為六類，說明如下：分佈於十二經脈與任、督脈上者為「經穴」，上述經穴之外者為「經外奇穴」。十二經脈分佈於肘、膝關節以下者為「五輸」，它們分別名為井、榮、輸、經、合。「絡穴」是指絡脈從經脈分出處穴位，臟腑經氣輸注於背部者稱「俞穴」，匯聚於胸腹者稱「募穴。」《抱朴子‧內篇‧雜應》中提到當時對穴位的看法：

> 又多令人以針治病，其灸法又不明處所分寸，而但說身中孔穴榮輸之名。自非舊醫備覽明堂流註偃側圖者，安能曉之哉？〔註106〕

「明堂流註偃側圖」是指載明穴位、血絡、經脈之圖，葛洪認為醫書中有許

〔註102〕李良松：《甲骨文化與中醫學》（福建福州：福建科學技術出版社，1994年），頁64。

〔註103〕張榮明：《中國古代氣功與先秦哲學》（上海：上海人民出版社，1987年），頁39。

〔註104〕（唐）王冰次注、（宋）林億等校正：欽定《四庫全書》子部三九醫家類《靈樞經‧九鍼十二原》，第七三三冊，頁321。

〔註105〕（唐）王冰次注、（宋）林億等校正：欽定《四庫全書》子部三九醫家類《靈樞經‧小鍼解》，第七三三冊，頁326。

〔註106〕《抱朴子‧內篇‧雜應》，卷15，頁272。

多是讓人以針灸治療病症的，但是醫書的灸法長不標明身上方位、分寸，只說些人體的穴位、血絡、經脈的名稱，所以除非是經驗老道的醫家已詳細備覽《明堂流註偃側圖》的，否則那裡能知曉這些呢？

穴位的認識與道士的內修功法，將意念集中的部位及內氣的運行，關係密切。內丹意守的部位，多爲頭部的印堂（上丹田），胸部的膻中（中丹田），腹部的神闕、關元（下丹田）、氣海、命門、足掌心的湧泉穴、陰蹺穴（會陰穴又稱虛危穴）等，以上這些都是內丹家的重要穴位。尤其是陰蹺穴，道經認爲：人身精氣聚散，水火發端，陰陽交會，子母分胎，均在此處，而《黃庭經》也說：「閉塞命門保玉都」，玉都即指此穴，位於任脈、督脈的中間，是陰陽二氣交感之處，對道家的功法修煉，非常重要。此外道家的功法修煉，時常會運用經絡、穴位等學說，對道教醫學來說，不論是修煉養生還是治病療疾，更是必須首先要精熟的。

人身爲相應宇宙天地之能量系統，陰陽五行爲中醫理論之基本思想，也是最高指導原則。生命由宇宙中陽與陰交合而成，在宇宙能量變化之軌道中規律變化，大氣陰陽平衡，則四時成焉，萬物生機盎然，人體陰陽平衡，因陽升陰降而產生的五種運行能量，人體五臟應運而生，收藏五種運行能量，並由六腑作六氣運化，通過經絡能量系統，輸佈全身組織，使人活力充沛。反之，若是陰陽不調，則爲一切病象之始。經絡系統學說可以充分反應生命能量，我們如能徹底了解經脈氣血循行原理，配合時辰作臟腑保養，即可治病、防病、養生。從上述的說明我們可以知道，從科學的範疇來看，道教經典所討論有關人體生命的問題，除了宗教神學和極少部分與政治倫理有一定聯繫之外，大部分屬於自然科學、生理科學及醫學的範疇。道教對人體生理的探究，爲道教的修煉與袪病療疾取得良好效果，提供了理論基礎，成爲宗教科學與醫療保健養生學中的一份極爲珍貴的文化遺產。

第三節　道教醫學的成仙實踐

道教繼承來自原始宗教的生命體驗認爲身體不只是生理性的存有，還要有精神性的鍛鍊，肯定身體的生理面與心理面是相互統合，所以不能只重視物質生活而忽略精神生活，有形的身體與無形的宇宙是相互對應的，身體可以成爲象徵宇宙自然規律的符號，認爲身體是對應著宇宙氣化的原理而來，

人身之氣可以溝通天地之氣來相互交融與合一，人體也有著與宇宙相通的生命本原，所以人體與自然是相互對應的，經由人體自身的調節機制，也可以在促進天人的相互作用中達到統一，人體與宇宙也可以有共生共存的共融境界，強調人身的小宇宙是與天地的大宇宙對應而合一的關係。〔註107〕有學者認為：

> 這種以人類的身體來構想宇宙，或者以宇宙來反觀身體的想法，是一種「世界身體」的思維模式，是以身體為宇宙地圖以宇宙為身體投射，肯定人的身體構造與天地相符應。〔註108〕

從世界身體的思維模式來說，人體的感官知能對生命有正面的影響，也有負面的影響。從正面來說，人必須要在感官的認知下，才能擴充體驗的能力，去交接「終極實體」的恆常之道，身體是從有限通向無限的重要媒介，是生命修持的根本之處，所以要從正身、守身等方面入手，肯定身體是成全整體生命存有的基礎，如何沒有生理的身體，也就無永恆的靈性可言。

從負面來說，人體感官會助長生理欲望與需求，因此迷惑人性與遮蔽靈明本性，使人性無法展現出終極的光輝，所以要從忘身、無身等方面入手，否定或超越生理的身體，直接回到人所自有的靈性之處來領悟生命。所以不管是肯定身體或是否定身體，都承認身體與靈性是有著緊密互存的關係，因而道教醫學對生命關懷認為靈性生命的終極境界，還是要經由身體的醫療、養生、護生與全生等培育工夫來完成。

「模式」一般指人們從事某種活動，以達到某種目的的思想依據和行動指南；道教成仙模式就是道教在修仙合道活動中，實踐其宗教信仰長生不死的思想方法和行動指南。因為長壽與長生的問題，同時也是醫學的問題，所以道教發展成仙的模式，是從生命醫療觀的發展而來。長生成仙是道教的主要目標，所以道教的生命觀，就是「不死成仙」的「醫療養生」觀。「不死成仙」是其超越性的宗教理想，也是靈性生命的終極境界；「醫療養生」就是現實性的操作實踐工夫，包括病因觀、診療法以及養生法。這些都是道教在生命體驗上發展出來的操作實踐工夫，在道教長期的歷史

〔註107〕陳樂平：《出入命門——中國醫藥文化學導論》（上海：上海三聯書店，2001年），頁85。

〔註108〕周與沉：《身體：思想與修行——以中國經典為文化的跨文化觀照》（北京：中國社會科學出版社，2005年），頁97。

發展中，在不同的歷史階段，凝聚傳統社會的各種文化養分，形成各種各具特色且占主導地位的成仙模式與修煉的實踐工夫。這些成仙模式都是重視人們主動追求靈我合一的生命修持，而非被動地接受終極實體的感召，主動將人性提昇到與靈體同在的神聖場域，重視自身生命力與潛意識的自我體驗，在各種長生成仙模式中，讓超越的力量能存留在人的身體與心靈中，達到與道合一的生命境界。

從道教史上來看，大略可分為四期，依序為：秦漢時期的前道教成仙模式、魏晉南北朝的外煉成仙模式、隋唐宋元時期的內煉成仙模式，明清以後的道教成仙模式，呈現出多元化態勢，更加注重實用性和可操作性。因此本節將分別從秦漢時期的前道教成仙模式、魏晉南北朝的外煉成仙模式二方面來說明道教醫學的生命關懷，也就是長生成仙模式的內涵。

一、秦漢時期的前道教成仙模式

秦漢時期的前道教成仙模式，是以尋找天然長生不老之藥，作為通向仙境的階梯，從而達到長生願望，為此時期的基本特徵。長生信仰由來已久，隨著醫藥學的進步，最晚在春秋戰國時代，人們便已經有了「長生」與「不死」的觀念。因為在先民的認知中，認為既然服用藥物，可以治病，使人不生病；況且藥物的品質有高有低，若是藥效特殊的藥物，它的延年效果一定比普通藥物的效果大的多，進一步從經驗知識的基礎上，經過邏輯推理，就認為只要尋找到一種具有特殊功效的藥物，就能使人的壽命無限延長，而達到長生不死的願望了。此時出現了許多關於長生的神話傳說，這種「長生說」把長生的願望寄託在仙藥和神仙的身上，希望能通過服食仙藥而成為逍遙自在、長生不死的神仙。所以秦漢時期的方仙道求仙尋藥活動，就是在這種成仙模式指導下而開展的。

何謂「方仙道」？所謂「方」指的是不死的藥方，所謂「仙」指的是不死神仙；以長生不死、得道成仙為其主要宗旨，修習各種方術的方士集團。一般學者認為方仙道承襲了古代原始宗教的巫術，是春秋戰國時，燕齊一帶的方士將神仙學說、方技、術數與騶衍的陰陽五行說融為一體，而形成了方仙道，並且盛行於世，成熟於秦漢時期。方仙道的方士受神仙信仰的影響，以長生成仙為務，所以也非常重視醫學，方士兼醫是方仙道的一大特徵。

先民採集野菜和草木藥來果腹治病，這種藥食同源的歷史，奠定了中國

古代醫藥學中，將養生和治病相結合及重視食療的傳統思想。服食起源於戰國時的方士，是在神仙家的神仙信仰和「服食成仙」思想影響下發展起來的一門方術。方士在長生不死的神仙信仰驅使下，積極尋找各種能延年益壽的天然草木類藥物和動物藥，以求成為逍遙自在、神通廣大的神仙，固然令人嚮往，也不失為一條成仙的捷徑。在屢屢尋找仙藥未果的情況下，迫使人們對這一成仙模式的可靠性產生懷疑，最遲在秦始皇時期，方士們就已經萌發了人工煉製仙藥的思想。〔註109〕這是中國醫學史上化學製藥的肇始，意義十分重大。之後方士積極從事的原始煉丹術，擴大了藥物的來源與品種，同時促進了秦漢時期對藥物學的認識與發展。

葛洪在《抱朴子‧內篇》引用早期丹經《黃帝九鼎神丹經》說：「雖呼吸導引及服草木之藥，可得延年，不免於死也。神丹令人壽無窮已，與天地相畢。」〔註110〕在此處已可以知道服食天然草木類藥，僅能起到「救虧、除疾」的作用，可以使壽命延長而已，屬於成仙的小術之一。隨著魏晉葛洪神仙道教中的神仙理論體系的建立，這一成仙模式變成外煉成仙模式，而後取代魏晉南北朝的外煉成仙模式。

秦漢時期的方士醫學與中國傳統醫學的關係及貢獻，主要表現在方士們所創制、修習的各種神仙方術之中。學者蒙文通認為：「方仙道的方術種類，是古之仙道，大別為三，行氣、藥餌、寶精，三者而已也。」〔註111〕方仙道的方術，大致分為行氣、藥餌與寶精這三大派別。

二、魏晉南北朝的外煉成仙模式

身心並練、形神俱全，這是道家修為的根本特色，也是道教醫學診治的根本原則，此一思想便是「形神統一」觀，形神統一是道家生命觀的核心。魏晉南北朝的外煉成仙模式，在葛洪的《抱朴子‧內篇》中得到系統的闡釋，是藉由服食人工煉制的金丹大藥，希望能借助「金液」、「還丹」等永不腐朽的特性，藉由「假外物以自堅固」使用藥物來固形的巫術思維遞傳性，能達到白日飛昇、羽化登仙的目的。這一外煉成仙模式的特點是追求「舉形升虛」的肉體成仙（肉身不朽）。

〔註109〕司馬遷：《史記‧秦始皇本紀》云：秦始皇「悉召文學方術士甚眾，欲以興太平。方士欲煉以求奇藥。」（台北：中華書局，1961年），頁258。
〔註110〕《抱朴子‧內篇‧金丹》，卷4，頁63。
〔註111〕蒙文通：《古學甄微》（四川：巴蜀書社，1987年），頁337。

　　葛洪把人當成是「形、氣、神」相互影響制約、統一的生命整體。「形神統一」觀闡明了肉體成仙的重要意義。他對形神論的重要看法如下：

> 夫有因無而生焉，形須神而立焉。有者，無之宮也。形者，神之宅也。故譬之於堤，堤壞則水不留矣。方之於燭，燭糜則火不居矣。
>
> 身勞則神散，氣竭則命終。根竭枝繁，則青青去木矣。〔註112〕

他以堤水、燭火來比喻形神，如同築堤蓄水，一旦堤決，水蕩然而去不留堤內，使一般人對生命現象能夠獲得直觀清楚的認識。葛洪把形神關係講得更為透徹，主張「形神相依」、形存神在、形敗神亡，生命是由形體和精神相互配合而成的，如此一來形神之於生命，缺一不可。故他又說：「人無賢愚，皆知己身之有魂魄，魂魄分去則人病，盡去則人死。」〔註113〕這種形神相互統一的認識，為追求肉體成仙的外煉成仙模式提供了強而有力的理論基礎。

　　在葛洪看來「仙」是有等級的，所以他說：「上士舉形昇虛，謂之天仙。中士游於名山，謂之地仙。下士先死後蛻，謂之屍解仙。」〔註114〕先死後蛻的尸解仙是最下等，因為形體無法存在；其次為遊於名山的地仙，舉形升虛的天仙是最上乘的；他所要表達的正是「形神相依」的這一涵義。如何達到「舉形升虛」的肉體成仙呢？葛洪雖然提倡合修眾術共成長生，但是他認為長生之術，不在祭祀鬼神，不在導引和屈伸，而在金丹大藥。他在《抱朴子‧內篇‧金丹》說：

> 余考覽養性之書，鳩集久視之方，曾所披涉篇卷，以千計矣，莫不皆以還丹金液為大要者焉。然則此二事，蓋仙道之極也。服此而不仙，則古來無仙矣。〔註115〕

此處說明葛洪最重視還丹金液，也明確表明服食外煉金丹在魏晉神仙道教成仙模式中的地位。

　　服食人工煉製的金丹，如何能保證肉體成仙，進而達到「舉形升虛」成為天仙呢？葛洪在魏伯陽金丹思想的基礎上，提出他的「假外物以自堅固」的金丹思想，他在《抱朴子‧內篇‧金丹》說：

〔註112〕《抱朴子‧內篇‧至理》，卷5，頁110。
〔註113〕《抱朴子‧內篇‧論仙》，卷2，頁21。
〔註114〕《抱朴子‧內篇‧論仙》，卷2，頁20。
〔註115〕《抱朴子‧內篇‧金丹》，卷4，頁70。

> 夫金丹之爲物，燒之愈久，變化愈妙。黃金入火，百煉不消，埋之，
> 畢天不朽。服此二物，煉人身體，故能令人不老不死。此蓋假求於
> 外物以自堅固，有如脂之養火而不可滅，銅青塗腳，入水不腐，此
> 是借銅之勁以扞其肉也。〔註116〕

葛洪還認爲人工煉制的金丹大藥是上品的神藥，如同五穀能讓人滋養身體，服食金丹大藥經過人工煉制，把「道」輸入人體內，定能「與天地相畢，承雲駕龍」，讓人飛升。道士的著眼點在「長久性」，故多用礦物類藥。所以他說：「夫五穀猶能活人，人得之則生，絕之則死，又況於上品之神藥，其益人豈不萬倍於五穀耶？」〔註117〕但是葛洪認爲服食草木之藥，只能治病與養生延年，卻無法不死，理由是：「草木之藥，埋之即腐，煮之即爛，燒之即焦，不能自生，何能生人乎？」〔註118〕葛洪運用了機械類比的思維方式，來說明及論證他的金丹外煉成仙模式。他在《抱朴子‧內篇‧金丹》中又說：

> 然小丹之下者，猶自遠勝草木之上者也。凡草木燒之即爐，而丹砂
> 燒之成水銀，積變又還成丹砂，其去凡草木亦遠矣。故能令人長生，
> 神仙獨見此理矣。〔註119〕

又如他在《抱朴子‧內篇‧對俗》中說：

> 金玉在九竅，則死人爲之不朽。鹽滷沾於肌髓，則脯臘爲之不爛，
> 況於以宜身益命之物，納之於己，何怪其令人長生乎？〔註120〕

葛洪此處從人們日常生活中用鹽滷臘肉，及民俗金玉塡屍體來防腐的經驗知識，來類推外煉成仙模式的可行性。葛洪肯定形體的保存有其重要性，只有形體存在，精神才能存在，因此如何保持形體成爲神仙道教最重要的考慮，金丹、仙藥的服食，基本上就是爲了保持形軀的不朽。這個「形神相依」的思想，成爲道教重視形體之軀的修養鍛鍊的思想源泉。

第四節　葛洪生命醫療的成仙實踐

「靈感」是中國傳統宗教最爲核心的信仰內涵，也是中國文明連續型的意義所在，其內涵是建立在宇宙論與生命觀上，肯定在人的有形生命之上，

〔註116〕《抱朴子‧內篇‧金丹》，卷4，頁71。
〔註117〕《抱朴子‧內篇‧金丹》，卷4，頁71。
〔註118〕《抱朴子‧內篇‧金丹》，卷4，頁74。
〔註119〕《抱朴子‧內篇‧金丹》，卷4，頁72。
〔註120〕《抱朴子‧內篇‧對俗》，卷3，頁51。

有著與之對應至高無上的終極實體，特別重視此終極實體與人相互交感的神聖經驗，深信「人」與「天地鬼神」之間有著種種相交、相通與相感的對應關係，維繫著天地人自然與人鬼神超自然的生存秩序。而且「天地鬼神」等終極實體不是高高在上的抽象存有，是時刻可內感於人的精神體驗，發展出人們可以經由宗教法術與祭祀、修道等儀式、管道來交感形上的終極實體，展現出傳統宗教豐富的靈感文化。

　　葛洪認為藥物養身的生理治療法，有助於修道者身體「延年益壽」，達到「去疾養身」的現實利益，同時對生命形態的轉變是有所幫助的。在方術方面，他重視術數延命，主張為道者必須對各種方術要有相當程度的了解與掌握，才能完成「終其天年」的生命目標。這些延命術數，有可以分成內疾不生的自我醫療養生法和外患不入的宗教治療法。所謂自我醫療養生法，就是要達到「養生之盡理」，使人的體內可以「內疾不生」。成仙不是靠外在的力量，而是「體」與「用」的同時完成，所有的藥物和法術只是一種媒介，將人形下的身體滿足拉到「道」的形上學中來完成。〔註121〕所以當人能與道合一，就可以對應天地的自然秩序，達到「不病」的身心境界。所謂「宗教醫療」，是指各種交感鬼神的法術，使人的體外可以「外患不入」，所以是由「感通鬼神」來「驅除病魔」與「救人性命」。「宗教醫療」重視以人作為主體展開的動態文化，以有限的生涯去領悟無限的人文世界〔註122〕。此醫療觀是直接從生命的精神層次，來避開或化解各種災難與疾病的侵襲，是道教醫療的珍貴寶藏。歸納來說，在方術方面，葛洪重視可使「內疾不生」的「自我醫療」延命術數，和「外患不入」的「宗教醫療」延命術數。他認為善用各種延命術數，可以維持身體內外的整體和諧，改善生命對應環境的能力，提升自我的生命力，排除各種內外在的「傷損」，獲得自身醫療的蓄積能量，道成圓滿後，進入成仙境界。由此看來葛洪的生命修煉的內秘世界是豐富的，身體煉養的方法是多樣的，既有外煉，也有內修；主張「博採眾術」，熟知各種醫療與養生的法術來消災解厄，對治生存的各種困境。筆者將葛洪的生命修煉工夫整理成圖十：葛洪的生命修煉工夫。

〔註121〕鄭志明：《以人體為媒介的道教》（嘉義：宗教文化研究中心，2000年），頁24。

〔註122〕鄭志明：〈宗教醫療的社會性與時代性〉《華人宗教的文化意識》第二卷（台北：宗教文化研究中心，2003年），頁127。

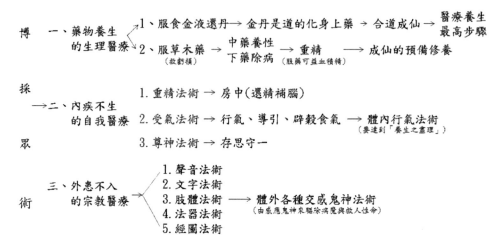

葛洪生命修煉的內秘世界是豐富的，身體煉養的方法是多樣的，主張
博採眾術，熟知各種醫療與養生的法術來消災解厄，對治生存的困境。

圖十：葛洪的生命修煉工夫

　　外煉成仙模式是服用經過人工煉製的金丹，而此金丹正是道的化身，把
「道」輸入人體內，定能讓人成為白日飛升的神仙。道士的著眼點在「長久
性」，故多用礦物類藥。此一模式確立後，使得外丹術在修仙的宗教實踐活動
中盛行不衰。產生三方面的影響，一是影響了中國傳統的科技，二是由於葛
洪倡導「為道者必須兼修醫術」，以醫藥來補養生的不足，因而蘊育道教醫學
的二個分支，道教化學製藥學及道教服食養生學。三是促進道教與中國傳統
醫學的相互交融。

　　葛洪雖然是道教史上力倡外煉成仙的集大成者，但是他反對偏修一事，
提倡「合修眾術」來「共成長生」，也為道教多元化的醫學模式，建立了方法
論的基礎。此處要特別強調說明的是「外煉」與「內修」在道教的修仙史上，
一開始就共存了，只不過是發展不平衡，所以沒有誰先誰後的問題。早在魏
伯陽的《周易參同契》中，就可以同時看到「外煉之術」和「內修之法」。而
葛洪的《抱朴子‧內篇》中也有許多的「內修之法」，他對「守玄一」、「內視」、
「服六氣」、「胎息」等內修行氣之術，也都有獨到的說明與看法，對「真一
之道」（即守一）在「守形却惡」的作用，給予積極的肯定。道教內丹術重要

的「三丹田」理論，也首次記載於《抱朴子‧內篇‧地眞》，也許「內丹」一
詞在道經中，可能較爲晚出〔註123〕，但是內丹之「實」早就已經存在，只不
過影響和發展速度比不上外丹，是屬於比較樸素、簡單的修煉功法，還無法
與道教外煉成仙模式相互爭競。

一、「道、神、人」的三位一體觀

　　人鬼神是合一的圓滿極致的生命，也是「神的生命」。道教建立在成神、
成仙上，教導信徒都可以長生成仙。所謂「長生成仙」，就是轉換生命形態，
成爲一種「圓滿極致的存在」。這種圓滿極致存在的生命形態，是道、是神、
也是人。所以「道、神、人三位一體」是道教主要的思想，道教在教導人如
何成爲「道」，進入「道」的規律中成爲「神」。所以神仙是道教徒共同的渴
望，用什麼方法可以成爲神仙呢？就是修道、體道與悟道，透過修道的方式，
來完成圓滿極致存在的生命形態。

　　傳統宗教「靈感思維」的表現形態有二種，分別爲「靈感」與「修道」，
是兩種重要的宗教神聖體驗，這兩種神聖體驗可以轉化爲「通神」與「神
通」二種概念。「靈感」轉化爲「通神」，亦即終極實體的神能通向於人，
故著重「天地鬼神」的神聖能力。所以靈感的「通」，是以「天地鬼神」無
限的「通」來消解「人」有限存有的困境，人可以經由宗教儀式來實現其
信仰情感，深信神蹟是無所不在的。「修道」轉化爲「神通」，著重「人」
的神聖能力，這是經由修道而來的主體精神體驗，所以神通不只是用來標
榜外顯的神力，而是展現出「人」與「天地鬼神」合爲一體的主體性與實
現性，並且深信人的生命與宇宙形上的終極實體生命（仙人）在本質上是
混滲合一的，經由自力實踐說的先天修煉理論與後天的積學之功，也能實
現生命的「終極價值」。

　　傳統宗教「靈感思維」的作用在追求「通」，中國傳統宗教帶有濃厚的原
始性格，繼承了遠古時期留下來的靈感思維、巫醫同源共軌的現象、巫醫共

〔註123〕在題爲東晉許遜著的《靈劍子‧服氣》中，有：「服氣調咽用內氣，號曰『內
丹』。」這可能是道書中最早出現的「內丹」一詞，但是學術界對《靈劍子》
一書的作者尚存爭議，一說爲宋人託名之作，有待考證。此外南朝陳的慧思
《南岳思大禪師立誓願文》中有：「願諸賢聖助我，得好芝草及神丹，療治眾
病除饑渴，……借『外丹』力修『內丹』，欲安眾生先自安」的語句。另外依
據《羅浮山志》記載：「隋開皇中，（蘇元朗）來居羅浮，見弟子競論靈芝，
乃著《旨道篇》示之，自此道徒始知『內丹』矣」。

構的宇宙圖式等，構成民族心理與文化根柢的深層結構。道教的宇宙生成論，認爲天地人乃至萬物都是從道、氣化生而成的，即代表天人同源。所以天與人在性質和結構上都應當是一致的，也就是天中有地，地中有天，人中有天地。因此就形成了天地人三者同源同構、相互感應、共成一體的天人觀。這就爲道教理身、治心與醫世相統一的醫學模式奠定了理論的基礎。

　　天人相通和天人相應的意思是，人與天地都是「道」的產物，所以本質上是相通的；人與天地的機制又是相似的，所以可以觀察天地日月運動變化的道理，用來指導人體神形臟腑的修煉，以達到與自然之道合一的境界。故道教的天人觀認爲，人和天地萬物都是由元氣化生而來的，因此人體不是一個簡單、純粹的物質，而是有其內在的結構與功能的。道教醫學在此觀念上汲取了中國傳統醫學思想和形神統一觀，建立了道教的人體觀，即認爲：人體是由精、氣、神這三大要素構成的，以氣爲本，使內外身心相聯、形神相合的生命系統。因此本節將分別從以氣爲本的煉養理論與工夫、仙人的自我醫療以及道教的生命修煉三方面來說明「神」與「人」一體觀的內涵。

二、以氣爲本的煉養理論與工夫

　　「以氣爲本」的人體醫學觀，在本章二節第三部分中已經詳細說明過了，因此不再贅述。以氣爲本的煉養理論與實踐工夫，是從「以氣爲本」的人體醫學觀所開發出來的，一個是「體」，一個是用，「氣之成物說」與「道之遍在說」是其基本內涵，形成一個以道爲本的可體得哲學。

　　以氣爲本的煉養理論，主要是從「養氣」、「行氣」入手，因爲精、氣、神是人身的三寶，而「氣」又是生命之本，也是神與精中間的轉換中介物，氣聚成形，就能積精，而滋養形軀，發展出重精煉形的長生方術。而「氣」的作用，能使人體「形神不離」，進而達到「形神相衛」，既可以療疾又可以滋潤身體，使之延壽，發展出愛氣煉形的長生方術。神是由氣所化，所以當氣充足之後，就能使精神旺盛，由思神存神發展出尊神煉神的長生方術。所以通過「養氣」、「行氣」，就能使人的形神相合，所以「煉氣」等同修形也修神，達到形神兼修、互爲體用的目的。

　　以氣爲本的操作實踐工夫，是生命形態與「道」不通的凡人，藉由養氣來煉形與煉神的實際操作實踐工夫，最後達到生命形態與「道」相通的仙人

境界，以追求存有的神聖性與不朽性。一切工夫從「養氣」入手，分為「煉形」與「煉神」二部分，「煉形」屬於肉體養生，煉養的是氣與精，實際操作實踐工夫主要在「服氣與積精」，如此可以滋養形軀，使形神相衛，藉由煉氣來打通人體的經絡，從而使人體三寶「精、氣、神」而以交感，而產生「肉體淨化」與道相合，進一步「得道體道」，變化成為生命形態與「道」相通的仙人。「煉神」屬於精神養生，煉養的是神，實際操作實踐工夫主要在「存真一」，如此可以使內身的精神與道合為一體，而產生「心靈淨化」，進一步「得道體道」，變化成為生命形態與「道」相通的仙人。

此工夫是由人體生命的運動形式，來掌握精、氣、神三者的相互關係，及其在療疾、保健和養煉中的地位和作用。人體的醫療、養生是主動為了成仙的終極目的而來，利用各種修煉工夫，來超越「凡人」的形體限制，達到「仙人」的生命境界。所以發現了「氣」對人體的重要性和特殊地位，強調「氣」的造化作用，而「行氣」是一切法術的基本功，人們可以用「氣」來滋養生命，作為治病的依據，來「內以養身」「外以却惡」，扶正元氣與排除病氣，讓人體的生理機能長期保持均衡與和諧。如圖十一：以氣為本的煉養理論與工夫。

a. 理論：[氣之成物說、道之遍在說]

b. 修煉工夫：追求存有的神聖性與不朽性(內身的精神與道為一體)

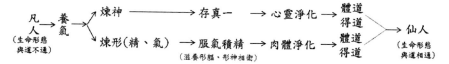

精氣神三者相互關係，其在療疾、保健、養煉中的地位與作用人體的醫療、養生是主動為了成仙而來，利用修煉工夫，超越「凡人」的形體限制，達到「仙人」的生命境界。

圖十一：以氣為本的煉養理論與工夫

葛洪繼承「氣化生命」的概念，加強人體與氣的對應、感通關係，從宇

宙的節律來理解自我生命的節律，理解到人的靈性可以永恆與超越的存在，發展出人與天地萬物「生命一體化」的觀念，亦即「神」與「人」一體觀，從而發展出仙人的概念。

神仙道教更加發揚「生命一體化」的觀念，從天地一體的觀念來探求生命的內涵，道家認爲人的有形生死都是氣變的運行法則，在自然的大化流行之下，人與萬物都是有生有死，如春夏秋冬四時的變化，一切都要回歸於順道的自然，教導人們要能混合天人與混同物我，將生死視爲自然之化與當然之變，將人的生命提昇到等同於天地鬼神的境界之中，來確立生命存有的宇宙之理。〔註124〕神仙道教則是順著道家人與道合一的生命觀，認爲人體與宇宙是同構相應、相互交感，要從體驗天地之道來保全形體的生理活動。葛洪認爲人的生死如同宇宙之氣的聚散，人體的形、氣與神等也是宇宙氣化的作用，所以「形」是指人產生存在的物質基礎，「氣」是人體生命活動的動力與源泉，「神」是指人體生命活動的控制與主宰，三者雖然各有所司，卻是和諧的統一體，也是人體性與命的源頭，都是宇宙之氣內化於人體的生命作用。〔註125〕

三、仙人的自我醫療

「仙人」在《抱朴子‧內篇》代表的是生命的終極價值，形而上的終極實體。葛洪的神仙道教認爲終極實體的靈性是可以相通於人性的，因此主張人可以經由自我心性的鍛鍊與實修，也能超越肉體的限制，會通於神聖的生命境界，而成爲仙人。凡人必須經由醫療、修道的歷程，來達到仙人的境界，這中間是一段漫長的修仙、思玄、體道過程，需要經過艱苦的試煉，是一種精神的飛躍和升華的過程。「靈感」是中國傳統宗教最爲核心的信仰內涵，也是中國文明連續型的意義所在，深信「人」與「天地鬼神」之間有著種種相交、相通與相感的對應關係，維繫著天地人自然與人鬼神超自然的生存秩序。「天地鬼神」等終極實體不是高高在上的抽象存有，是時刻可內感於人的精神體驗，發展出人們可以經由宗教的法術與祭祀等各種儀式、管道來交感形上的終極實體，展現出神仙道教豐富的靈感文化。「修道」是重視「人」與「天地鬼神」合一的精神性生命，道教特別重視靈感也重修行，相信「人」與「天地鬼神」是合一而不可分的生命體，自然與超自然的靈性是能圓滿人的自性，

〔註124〕鄭志明：《道教生死學》（台北市：文津出版社，2006年），頁58。
〔註125〕楊玉輝：《道教人學研究》（北京：人民出版社，2004年），頁16。

所以經由積極性的自力實踐修持，便能進入到與道合一的特殊生命（仙人）體驗。

　　長生成仙是道教追求的最高目標，也是《抱朴子‧內篇》的核心思想，葛洪把仙學理論作為貫穿《抱朴子‧內篇》的一條主線，道教哲學是為長生成仙的教義作論證的。人為什麼要追求成仙？一是對死亡的恐懼，二是希望能將自己的物質生命永遠維持延續，三是葛洪追求的神仙，能夠縱橫逍遙於天地人三界，人間物質生活的滿足，遠遠比不上形體超越的俱進；是凡人生命的昇華與完成，是修道有成之人，是人的另外一種「與道相通」的生命形態，也是最圓滿的生命形態。是萬物之靈居於天地鬼神的核心地位，以「仙」的方式來參與天地鬼神的形上運作；此時人是以「仙」的方式，進入到鬼神世界。仙人由於體道得道的變化，所以懂得「養生之盡理」，具有自身的超越能力，分別為「藥物」、「術數」及「道德」，所以仙人具有「自我醫療」的能力，使之「不病」，進而「長生久視」，這是凡人所嚮往的最高自我成就，修道主要的目標與醫療的終極關懷。

　　所以修道成仙，不是崇拜仙人，而是人對自身的肯定與尊重，為了追求永續性，展現我才是「形骸」與「壽命」的主體，亦即「我命在我不在天」的重生思想，它是一種正面的、積極的人文昂揚。知道生命得以永恆的修持方法，會以「藥物」、「術數」等方式來自我醫療，以追求生命超越的自我永生。人能劾神役鬼的能力建立在仙的本質上，亦即人成仙後，才能引進天地鬼神的救護與恩賜。仙人的本質既能「修療病之術」，也能「返其大迷」，療病是「用」，返本才是「體」，仙人是達到體用一如的境界；也就是本體悟到「體」（道）的根本精神，作用層面才能發揮作用，因而產生「自我醫療」的妙用。「體」與「用」的同時完成，所有的「藥物」、「術數」只是一種媒介，將人形下的身體轉到「道」的形上層次中來完成。所以人與「道」合一，就能對應天地的自然秩序，達到「不病」的身心境界。道教神學的「道」，具有玄妙莫測的特徵，道士追求的目標就是「合道通神」。

　　所謂「術數」，指的就是各種的方術，它上承自遠古的巫術及先秦兩漢方仙道、黃老道所改良的方術。古代各種「醫藥」與「方術」的形成，是面對人間各種毒害所興起的「對應技術」。學者鄭志明認為：葛洪主張修道人對於這些醫療與養生的技術要有相當程度的掌握，在心性上「任自然」外，更要以「術數」的神聖力量來完成「終其天年」的生命目標，所以在「仙人的自

我醫療」觀念中，醫療、養生、成仙是三位一體的，生命、醫學、宗教是密不可分的。〔註126〕對修道人來說，「術數」可助人趨吉避凶，並且擴充修道的作用與功能，具有增強補益的效果，可以協助或擴充凡人自身的醫療能力，強化天人之間的對應法則。在「天人相應」的過程中，避禍求福，同時「仙人的自我醫療」也是道成圓滿後，變現自在的神通力展現。

四、道教的生命實踐

宗教的根本內涵就建立在宇宙論與生命論上，肯定人的有形生命之上有著與之對應至高無上的終極實體，稱為「天地鬼神」，或是「天」、「神」、「神仙」「上帝」、「道」等。這些都是用來象徵宇宙超越性的至尊存有，著重在此一形上終極實體與人相互溝通感應的神聖經驗，可稱為宗教體驗，是所有宗教最為核心的本質所在。道教就建立在這種靈實互動的精神體驗上，內在的信仰感情重於外在形式，直接訴諸於人與天地鬼神之間的靈性交通與生命體驗。道教承續原始宗教的靈感思維，特別重視信仰的神聖體驗，著重人與終極實體相遇或合一的生命修持工夫，其表現形態有「靈顯」、「靈感」與「靈修」等現象。

所謂「靈顯」是指終極實體自身的啟示或開顯，原本就滲透在天地萬物之間，不管稱為「上帝」、「道」、「玄」或是「玄一」，都是先於宇宙創生的精神體，道教的「天地鬼神」是指任何方位的靈體都是直接與宇宙相互聯結的神聖性符號。「靈感」是在「靈顯」的基礎上，肯定人與終極實體（仙人）可以相互交接與實現，滿足人們參與靈顯世界的願望與實踐，在神聖性的精神體驗下圓滿自我的生命。「靈修」則是「靈感」的積極實現，重視自我主體生命與終極實體相互合一的修持，強調要靠自我身心靈的鍛鍊，方能提昇到與終極實體（仙人）一致的造化境界。道教可以說是以靈顯、靈感與靈修等為核心的信仰體，人們不僅深信天地鬼神的終極存有，更堅信彼此間有著緊密互動的對應關係，經由直覺式的生命感通，就能交接終極實體的神聖力量，在自力實踐的先天修煉理論和自力實踐的後天積學之功修持下，就能得道成仙。

「靈修」或稱為「修行」、「修道」等，重視「人」與「天地鬼神」合一

〔註126〕鄭志明：〈葛洪《抱朴子》內篇的醫療觀〉《道教生死學》（台北市：文津出版社，2006 年），頁 118～138。

的精神性生命，強調終極實體的靈性是相通於人性，主張人可以經由自我心性的鍛鍊與實修，也能超越肉體的限制會通於神聖的生命境界而成為仙人。

宗教在生命體驗上發展出各式各樣的修煉理論，形成特殊的修道生活，重視與終極實體交流的生命體驗工夫，在身心上能善用靈明本性與自覺修持，達到與道相通或相合的境界，來成就由凡入聖的生命體驗，從有限的身心提升到道化的超驗證悟。後代系統化的宗教是如何修行呢？主要還是透過修身以達修心的目的，修身與修心是一體而成的，學者林安梧從終極關懷的觀點來分析西方基督宗教與中國宗教在生命修持上的根本差異，他認為：

> 西方基督宗教著重「超越的存有」，是採用「言說的傳統」，強調絕對世界中的絕對圓滿的上帝，因為超越的世界與經驗的世界是斷裂的，不是連續的，因此人的生命修持就需要有「道成肉身」來連結。中國宗教著重在「內在的存有」，是採用「氣化的傳統」，通過「內在的同一性」的活動，強調超越的世界與人的世界是合一與連續的，不是斷裂的，因此人的生命修持可以直接即有限而無限，是「肉身道成」的境界。〔註127〕

這雖然是簡單化的對比分析東西方宗教在生命修持上的根本差異，說明各個宗教因為其終極實體的文化內涵不同，導致對生命的理解有所差異，生命修行的方法與境界就大不相同。

不管哪一個宗教，「肉身」都是主要修行的主體，無論是以道來成就肉身或是以肉身來成就道，人的身體都脫離不了與終極實體的相互交感關係，人的生命形態在朝向神聖存在的修行中會歷經根本轉換的過程，逐漸有自我完善的感受與體現。這就是宗教信仰的主要動力，在與終極實體的體驗下，更能更新自己的生命與改善自己的生活，從精神的體驗中來實現自我美善的生命意義與價值。

長生成仙是道教追求的最高目標，也是《抱朴子‧內篇》的核心思想，凡人必須經由醫療、養生、修道的歷程，來達到仙人的境界，這中間是一段漫長的修仙、思玄、體道過程，需要經過艱苦的試煉，是一種精神的飛躍和升華的過程。這是宗教信仰的主要動力，在與終極實體的體驗下，能更新自

〔註127〕林安梧：《儒家與中國傳統社會之哲學省察》（台北：幼獅文化公司，1996年），頁233。

己的生命與改善自己的生活，從精神的體驗中來實現自我美善的生命意義與價值。因此筆者將凡人和仙人的內涵整理成表 3-1。

表 3-1：凡人和仙人的內涵

	凡 人	仙 人
生命形態	形而下的動物性本能存有，與天地鬼神是不相通的	形而上的道德性價值存有，與天地鬼神是相通的
宇宙生成論層次〔註 128〕／宇宙本體論層次	屬於「後天」、「物」的世界	屬於「先天」、「道」的世界、樂園
俗／聖	俗	聖
末／本	宇宙現象場域〔註 129〕（末）	宇宙本體場域〔註 130〕（本）
現實世界／超越的宗教理想	現實世界	超越性的宗教理想、神仙世界、養生醫療的終極目標
凡人／仙人	凡人	仙人、至人、神仙、道成
人性／神性	人性：因為「氣之成物說」與「道之遍在說」，故人都是「道」的作用，以人的形式來驗證「道」的存在。每個人都有神性，都有成為神仙的可能，個體的存在，是協助人追求長生，以「不死」的方式來延續。分為「形」與「神」兩方面。	神性：是人生命的延續，是人善用明哲，參與宇宙造化所展現出來的極致形態，可以擴充生命存在的形式。可以說是得「道」之人，是「道」的化身，是人經由修道而達成的超越境界；也是個體修煉到「人道合一的玄同境界」。分為「形」與「神」兩方面。

〔註 128〕 存有學的「差異」，強調存有與存有者的區分，例如：道與物的區分。存有學的「隸屬」，強調存有與存有者的相互關係，例如：道與物的統一。涉及到圓融體系的境界表達，聖與俗的二分架構將被統合超越，這在東方的義理系統中特別明顯。請參閱賴錫三：《道教內丹的先天學與後天學之發展和結構》，清華大學中文研究所博士論文，2001 年，頁 1。

〔註 129〕 宇宙現象場域指的是「後天」，就是眼前這個時空有主客分別、吉凶禍福、變化循環、有生有死的宇宙現象。用中國傳統的哲學概念來說，乃是「物」的世界。

〔註 130〕 宇宙本體場域指的是「先天」，就是一般宗教修煉者所渴求的本體樂園，是超越時空、分別、吉凶、生死的。用中國傳統的哲學概念來說，乃是「道」的世界。

	凡 人	仙 人
形／神	形是指有形有限的肉體；神是指精神性的心靈，追求存有的神聖性與不朽性。可藉由「養形」即肉體淨化，藉由各種醫療養生操作實踐工夫，來醫治有限的形體，達到內疾不生、癒疾延命。「養神」即心靈淨化，藉由各種術數延命操作實踐工夫，使外患不入、禍害不干，達到人道合一的玄同境界。	形是以不死的方式來延續，也就是成仙的生命。（天仙、地仙、尸解仙）神是指在性靈實踐上，將生命推向終極的超越世界，與天地鬼神相同的形上生命。（永恆不朽的心靈）在現實世界中尋求不死，在名山中尋獲和諧安樂的樂園，變化神話、樂園神話形成中國獨特而影響深遠的神仙思想。 成仙境界是超越性的宗教理想，也是生命醫療的自我實現，故醫療、養生、修道成仙是三位一體的，與生命、醫學、宗教是密不可分的。

　　道教修行認為人與宇宙是同質性的存在，可藉由「修氣」與「修道」的工夫，使天與人二者可以「通而為一」。意識人身是天地氣息聚合與發用所在，於是將心神與身形緊密結合，直接將人的生命提昇到宇宙氣流之中，人身可直接與天地之氣貫通，這種貫通是透過身心形神的修持，破除有限的肉體形式，直接從精神上達到超越的境界。道教認為人的身體有精神層面的心神與物質層面的身形，認為人體的形氣神是統一的，除了在精神上要有行氣（修氣）與存神（修神）的修行外，也重視人體「煉形」（修形）的工夫，形與神同時鍛鍊，形氣神三者並重，不可偏廢。所謂「修神」，是指人在心神上的調養與修煉，將人的精神情志提昇到虛靜自守與順物合道的境界。所謂「修氣」，是經由呼吸與行氣來相通於天地之氣，進行氣的調整與修煉，達到專氣致柔的修道境界。所謂「修形」，是直接從物質的人體來進行調養與鍛鍊，認為人體的物質形式是精神得以生存與作用的源泉，所以葛洪主張形神兼修，認為保養身形是修煉心神的基礎，從形身的修煉來達到形神俱妙與道合一的生命境界。

　　由以上所述，我們已經明瞭了以氣為本的煉養理論與工夫，仙人的自我醫療及凡人和仙人的不同內涵，因此筆者將上述統合起來，製作成圖十二：道神人三位一體觀，來說明道教的生命修煉實踐過程。

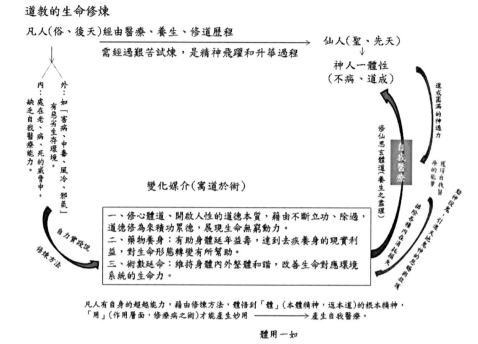

圖十二：道神人三位一體觀

　　道教哲學寓道於術，是一種修煉長生之道的實踐哲學。道教的仙學思想一直和長生不死的信念聯繫在一起，神仙道教就是以方仙道的方士爲核心發展出來的，這類方士到魏晉時候，便成了神仙道教的道士。葛洪的道教哲學是重生的哲學，他肯定人類世俗的欲望，是一種積極有爲的哲學。「我命在我不在天」的重生思想，必須超越人類有生有死的自然規律，使用各種「藥物養身」、「術數延命」的操作實踐工夫，來巧奪天地造化，干預物類之情。這些用人力奪天地造化，操作「寓道於術」的各種方術以達成長生不死，其背後所顯現的理念是強調人對自然的主觀能動性。

　　「靈感」是中國傳統宗教最爲核心的信仰內涵，也是中國文明連續型的意義所在，深信「人」與「天地鬼神」之間有著種種相交、相通與相感的對應關係，維繫著天地人自然與人鬼神超自然的生存秩序。「天地鬼神」等終極實體不是高高在上的抽象存有，是時刻可內感於人的精神體驗，發展出人們可以經由宗教的降神、占卜、法術與祭祀等儀式管道來交感形上的終極實體，展現出傳統宗教豐富的靈感文化。「靈修」或稱爲「修行」、「修道」等，重視「人」與「天地鬼神」合一的精神性生命，強調終極實體的靈性是相通於人

性，主張人可以經由自我心性的鍛鍊與實修，也能超越肉體的限制會通於神聖的生命境界。道教特別重視靈感也重修行，相信「人」與「天地鬼神」是合一而不可分的生命體，自然與超自然的靈性是能圓滿人的自性，所以經由積極性的自力實踐修持，便能進入到與道合一的特殊生命（仙人）體驗。

道教醫學本質上是屬於宗教醫學，延續著古代巫術的宇宙論，不只醫治人體有形疾病，更要依循天道，讓生命長生不朽。所以我們不應該將道教醫療只侷限在身體的疾病治療，應該提昇到對生命整體身、心、靈永生的治療上。在濟世救人的宗教實踐中，具備了「人命至重」、「志存救濟」的醫療行為準則。其中發展出各種的藥物養身、術數延命的操作實踐工夫，都是用來解救人的生死之命，達到「令不枉死」的醫療努力，讓生命能安享天年，進而達到生命永恆存有的終極境界。

道教是中國極富民族特色的宗教，它以遠古以來的原始宗教為基礎，以長生不死的神仙學說為理論核心，以道家哲學、陰陽五行學說、易學理論及讖緯、占星、巫術等為組成的部分，以宗教生理學說及形神並煉的修為方法，指導其宗教實踐，形成一種現實主義色彩濃厚的自然宗教。道教上述的這些特徵，也集中反應在道教醫學上，因此道教醫學與中國傳統醫學有著許多同源同根之處。例如它們都以追求人體生命的健康與延長為目標，以道家思想、易經理論、陰陽五行學說為指導思想，以精、氣、神及經絡理論為共通的生理學說等，這使得中國傳統醫學與道教醫學在很長的歷史時期內，同源共濟、互生共存，形成了醫以道行、道以醫顯的相互關係。

第五節　小　結

傳統宗教「靈感思維」的表現形態有二種，分別為「靈感」與「修道」，是兩種重要的宗教神聖體驗，這兩種神聖體驗可以轉化為「通神」與「神通」二種概念。「靈感」轉化為「通神」，亦即終極實體的神能通向於人，故著重「天地鬼神」的神聖能力。所以靈感的「通」，是以「天地鬼神」無限的「通」來消解「人」有限存有的困境，人可以經由宗教儀式來實現其信仰情感，深信神蹟是無所不在的。「修道」轉化為「神通」，著重「人」的神聖能力，這是經由修道而來的主體精神體驗，所以神通不只是用來標榜外顯的神力，而是展現出「人」與「天地鬼神」合為一體的主體性與實現性，並且深信人的

生命與宇宙形上的終極實體生命（仙人）在本質上是混滲合一的，經由自力實踐說的先天修煉理論與後天的積學之功，也能實現生命的「終極價值」。

傳統宗教「靈感思維」的作用在追求「通」，其表現形態是延續原始社會的神話思維模式而來，建立起人類最早的宗教崇拜行為，普通存在於圖騰、巫術、神話、祭儀等原始文化之中。〔註131〕中國傳統宗教帶有濃厚的原始性格，繼承了遠古時期留下來的靈感思維、巫醫同源共軌的現象、巫醫共構的宇宙圖式等，構成民族心理與文化根柢的深層結構。這些在後來的文明發展過程中不斷地被發揚光大，從神仙道教葛洪《抱朴子‧內篇》的生命醫療觀中，我們可以發現靈感思維不僅沒有被消滅，反而在早期道教各個道派競爭之中，以多重的組合與累積之下，使其宗教體系更為龐大。所以我們可以明瞭道教一直是以靈感思維為核心，發展出集體傳承下的認知體系（仙人）與行為模式（修道）。

生命的主體不在外在的形，而是內在的神，「神」是指人身抽象的生命體，人體的性情、意志、精神、魂魄等都是「神」的作用，它雖然不是實有之體，卻能主宰生理形體的心理現象、意識現象與精神現象。因此可知「神」是形的精神內涵，形不離神，同樣神也不離形，形神是一體互成的，人的生命體驗不能只著重在有形的身體，更要契合到精神的心靈境界。中國文化形態下的宗教，大多重視明心見性的生命體驗，重視「以神養形」來成就自主的生命人格。除了「神」之外，也強調「氣」，以氣來促進形神的和合作用，強化人與天地感通的關係。「氣」是感通形神，維繫生死的關鍵。「氣」是神的踐形作用，可以將生命的主體意志由內向外擴充，人性的宇宙性也因為精氣的瀰漫而重新復活，體證萬物畢得。〔註132〕所以把「氣」養好，使「精氣」永存體內，形神俱妙，則人就可以長生不死。「氣」可以視為是「神」的發用，是生命意志的主體作用，將人的形神與天地之氣相互關聯起來，就可以達到肉身成道的目的。道教重視形神一元的生命體驗，從身體到心靈的生命修煉工夫，來啟發生命相應於宇宙的永恆性，進入到終極實體所成的境界之中，這就是道教生命極致的體驗成就。

道教繼承來自原始宗教的生命體驗認為身體不只是生理性的存有，還要

〔註131〕朱存民：《靈感思維與原始文化》（上海：學林出版社，1995年），頁94。
〔註132〕楊儒賓：《儒家身體觀》（台北：中央研究院中國文哲研究所籌備處，1996年），頁56。

有精神性的鍛鍊，肯定身體的生理面與心理面是相互統合，所以不能只重視物質生活而忽略精神生活，有形的身體與無形的宇宙是相互對應的，身體可以成為象徵宇宙自然規律的符號，認為身體是對應著宇宙氣化的原理而來，人身之氣可以溝通天地之氣來相互交融與合一，人體也有著與宇宙相通的生命本原，所以人體與自然是相互對應的，經由人體自身的調節機制，也可以在促進天人的相互作用中達到統一，人體與宇宙也可以有共生共存的共融境界，強調人身的小宇宙是與天地的大宇宙對應而合一的關係。

　　從以上所述可知道教的根本內涵是建立在宇宙論與生命觀上，肯定在人的有形生命之上，有著與之對應至高無上的終極實體，在《抱朴子‧內篇》中稱為仙人，特別重視此終極實體與人相互交感的神聖經驗，是所有宗教最為核心的本質所在。例如神仙道教所重視的金丹，金丹就是終極實體「道」的化身，所以服食金丹就可以直接合道成仙，是葛洪神仙道教中醫療的最高步驟，它是從靈性治療上著手，建立在這種靈實互動的精神體驗上，內在的信仰情感是重於任何的外在形式，是直接訴諸人與天地鬼神之間的「靈性交通」與「生命體驗」。故《抱朴子‧內篇》的生命醫療特別重視信仰的神聖體驗，以及人與終極實體（仙人）相遇或合一的生命修道工夫。